교실에서 바로 쓸 수 있는

낯선 행동 솔루션 50

교실에서 바로 쓸 수 있는
낯선 행동 솔루션 50

초판 1쇄 펴낸날   2020년 11월 5일
초판 4쇄 펴낸날   2023년 8월 18일

지은이   토드 휘태커 애넷 브로
옮긴이   임상희 송형호 외
펴낸이   홍지연

편집   홍소연 고영완 이태화 전희선 조어진 이수진 서경민
디자인   권수아 박태연 박해연 정든해
마케팅   강점원 최은 신종연 김신애
경영지원   정상희 여주현

펴낸곳   (주)우리학교
출판등록   제313-2009-26호(2009년 1월 5일)
주소   04029 서울시 마포구 동교로12안길 8
전화   02-6012-6094
팩스   02-6012-6092
홈페이지   www.woorischool.co.kr
이메일   woorischool@naver.com

ISBN 979-11-90337-51-9 03370

• 책값은 뒤표지에 적혀 있습니다.
• 잘못된 책은 구입한 곳에서 바꾸어 드립니다.

교실에서 바로 쓸 수 있는

친사회 행동 솔루션50

토드 휘태커·애넷 브로 지음

임상희·송형호 외 옮김

우리학교

"만일 학생들이 제대로 바르게 행동한다면
나의 교사 인생은 얼마나 멋질까
하지만 지금 학생들이 하는 속도로 보면
나는 제 명에 못 살 것 같아
학생들은 얘기하고, 웃고, 치고, 던지네
무얼 해야 할까? 정말이지 모르겠어
나는 그저 간청하고 애원하고 벌주고 소리를 지르고 있지
아, 제발 도와줘요, 내 열정은 식어가고 있어요

뭐라고? 학생들을 바르게 행동하게 만들 답이
여기 있다고요?
교사가 할 수 있는 간단한 방법이 있다고요?
누군가 내 정신을 구제해줄 수 있다고요?"

네, 여러분.
교사 여러분의 불필요한 고통을 덜도록
도와줄 수 있습니다.
우리는 현장에서 힘겨워하는 여러분을 염두에 두고
이 책을 썼습니다.
만일 이 책에 나온 현장 교사들과 우리의 말을 가슴
깊이 새기고, 여기 나온 제안대로 몇 가지 방법을
실행해본다면 여러분도 곧 아이들의 최고의 행동을
교실에서 목격할 수 있을 것입니다.
건투를 빕니다.

토드 휘태커, 애넷 브로

이 책이 현장의 모든 교사들을 돕기를

바른 행동을 하는 좋은 학생과 열심히 학습하는 학생을 가진 좋은 교사가 되기를 원하는가? 교사생활에서 스트레스를 덜 받기를 원하는가? 행복하고 더 효과적이고 효율적으로 운영되는 교실을 원하는가? 학생들에게 동기부여를 더 잘하고 싶은가? 그렇다면, 이 책이야말로 여러분을 위한 것이다.

이 책은 교사인 여러분에게 초점을 맞추고 있다. 즉, 다양한 학년, 성별, 인종적 배경, 사회적 환경의 학생을 가르치는 모든 교사들을 위한 책이다. 이 책은 여러분을 완벽한 교사로 만들기 위해 고안된 것이 아니다. 완벽한 교사는 없다. 여러분이 완벽한 학생을 만드는 일을 돕도록 고안된 책도 아니다. 완벽한 학생은 없다. 오히려 교실에서 학생이 하는 행동에 대해 완벽하지는 않더라도 향상시킬 수 있는 방법을 제공하기 위해 쓰인 책이다. 추가적 이점이 있다면, 학생 행동이 향상되면 학습도 향상된다는 것이다. 그래서 우리는 교사 여러분이 학생의 행동과 학습을 모두 향상시킬 수 있도록 돕고자 한다. 우리의 제안을 적용함으로써 교수법이 극적으로 향상된다는 것을 곧 여러분도 깨닫게 되리라고 믿는다.

우리는 학생의 삶에 감동을 주고 변화를 끌어내고 싶은 교사들이다. 이를 위해 최대한 효율적으로 일하는 것이 모든 교사의 목표임을 진정 믿는다. 우리는 '교사'라 불리는 여러분 모두가 그런 능력을 갖추고 있으며, 모든 학생이 기억하는 교사가 되고 싶다는 소망을 품고 있다고 생각한다.

좋은 행동을 하는 학생을 가진 좋은 교사가 되기를 원한다면, 그리고 추가 보너스로 학생의 학습 향상까지 원한다면, 이 책을 계속 읽어나가라!

학생들의 '낯선 행동'을 변화시키는
단순하고 강력한 교실 솔루션

학생들의 초롱초롱한 눈망울을 마주하는 수업은 교사로서 누릴 수 있는 가장 큰 행복 중의 하나이다. 하지만 최근 교실에서 만나는 학생들은 참으로 많이 달라졌다. 예전과 다른 모습으로 다가오는 학생들과의 수업은 경력이 쌓여가도 결코 쉽지 않았다. 가장 어려운 점은 교과 내용을 어떻게 가르치느냐보다는 오히려 학생들을 지도하는 방법이었다. 무엇보다도 수업 시간에 예기치 않게 발생하는 문제들을 어떻게 현명하게 잘 다루느냐에 따라 그 학급의 1년 수업 성패가 좌우된다는 것을 깨닫게 되었다.

학생들의 바람직하지 않은 행동을 미리 예방하고 다루기 위해서는 새로운 접근법이 필요함을 느끼고 그 방법을 찾아가던 도중, 이 책을 만나게 되었다. 참으로 신선한 충격이었다. 이 책의 공저자 토드 휘태커의 다른 저서

『훌륭한 교사는 무엇이 다른가』(지식의날개)에 언급된 교사의 리더십과 맥락을 같이하지만, 이 책은 교사가 일상적으로 실행할 수 있는 팁을 촘촘하게 제시하고 있어 교실에서 바로 적용 가능한 매뉴얼로 안성맞춤이라는 생각이 들었다.

아이들의 달라진 행동으로 나뿐만 아니라 많은 교사들이 힘들어 하고 고민한다. 최근 학생들의 다양한 문제 행동을 더 이상 문제라고 칭하지 않고 '낯선 행동'으로 정의하기 시작했다. 교사를 당황하게 하는 학생들의 행동을 문제 행동이라고 여기면 그 학생을 부정적으로 바라보게 되고, 잘못된 행동을 야단쳐서 고쳐야 한다는 생각에 머무르기 쉽다. 하지만 '낯선 행동'이라고 여기면 학생이 왜 그런 행동을 하는지에 초점을 맞추게 되고, 학생에게 필요한 도움이 무엇인지를 먼저 고민할 수 있다. 관점과 시선을 바꾸면 학생들의 행동도 다르게 보이는 것이다. 이 책은 바로 그런 '낯선 행동'에 대한 매우 간단하면서도 바로 실행 가능한 솔루션을 제시하고 있다.

교실에서 바로 쓸 수 있는 효과적인 이 50가지 방법을 많은 선생님들과 공유하고 싶어, 지난해 돌봄치유교실 카페(https://cafe.naver.com/ket21/13737)에 이 책의 일부 내용을 소개했다. 개요만 올린 글에 많은 선생님들께서 댓글을 달며 큰 관심을 보여주셨다. 나뿐만 아니라 여러 선생님들이 수업 시간에 발생하는 학생의 낯선 행동을 다루는 해법을 필요로 한다는 사실을 새삼 인식했다.

함께 고민하며 뜻을 같이한 고의천, 곽선근, 김장원, 나미경, 백소영, 손보영, 이선, 이선영, 정지영, 최선경, 최성우, 태유선, 황인경 선생님께서 번역에 도움을 주셨다. 그리고 나의 멘토이신 송형호 선생님께서 번역, 감수까지

자원해주셨다.

　끝으로 번역 작업 내내 지원과 격려를 아끼지 않은 사랑하는 가족에게도 고맙다는 말을 전한다. 전국의 선생님들께 이 책이 수업의 날개가 되어 전파되기를 진심으로 바란다.

　2020년 가을에,
　옮긴이를 대표하여, 임상희

목차

프롤로그

=

　"부모님이 더 보살펴준다면! 교장 선생님이 학생의 나쁜 품행에 대해 뭔가 조치를 취한다면! 예전 선생님이 애들을 너무 자극해서 난폭해지지 않았다면!" 왠지 익숙한 말들이다. 이런 말을 자주 듣기도 하지만, 우리 스스로도 종종 이렇게 말한다. 그러나 중요한 것은 우리가 실제로 저런 상황에서 어떤 역할도 할 수 없다는 점이다. 어떤 부모는 육아 기술이 부족하다. 우리 교장 선생님은 뭔가 조치를 더 해야 한다. 우리 동료 교사들은 좀 더 유능해야 한다. 그렇게 생각하지만, 아무리 생각해도 그뿐이다. 우리가 실제로 그런 상황을 전부 통제할 수는 없다.

이 책의 요점은 교실 안에서 매일 벌어지는 일을 교사가 잘 통제하기 위해 사용할 수 있는 간단한 전략에 있다. 외부의 힘과 상관없이, 가정생활과 무관하게, 매일 교실 안에서 일어나는 일을 통제하는 사람은 바로 교사다.

그런데 왜 아이들은 바르게 행동하지 않을까? 그렇다. 아이들은 그저 어린애같이 행동하고, 어른처럼 결정하지 못한다. 또한 자신에게 옳은 최상의 행동을 하지 않는다. 아이들은 교사를 화나게 하는 것을 좋아한다. 어떤 일에 스스로 동기를 부여하지 못한다. 그래서 바로 우리들, 즉 교사가 필요한 것이다.

한 강연자가 교사들 앞에서 연설하고 있었다. 그때 한 교사가 손을 들고 말했다. "선생님 말씀은 다 좋아요. 그리고 선생님 제안이 일부 학생에게는 효과가 있을지 몰라요. 하지만 선생님께서 이해하지 못하는 게 있어요. 저희는 학부모의 지원을 전혀 받지 못하고 있어요. 학부모가 저희를 지지해주지 않는 상황에서 이런 학생들을 가르친다는 것은 불가능해요."

그러자 강연자는 간단히 질문했다. "그렇다면 내일 이 학교 옆에 학부모가 존재하지 않는 보육원이 개원한다면, 선생님은 그런 고아들을 가르칠 수 없다고 말씀하시는 겁니까?"

순간 청중은 고요해졌다. 그 교사도 침묵을 지켰다. 그런 학생들도 가르칠 수 있는 것은 물론이다. 부모에 의해 잘 양육된 아이들을 다루는 것과는 다른 문제가 있다고 이의를 제기할 수는 있다. 물론 다를 수 있다. 그럼에도 그들은 여전히 다룰 만하고 가르칠 수 있는 학생들이다.

산 정상에 서 있기 전에는 실제로 산 정상에 올라가야만 하는 것처럼, 그리고 관광하기 전에는 목적지에 도착해야 하는 것처럼, 우리는 학생을 가르치기 이전에 학생에게 다가가야만 한다. 모든 학생이 각자 자신만의 문제, 자신의 꿈, 장점, 단점, 능력, 부족한 점을 가지고 있다. 하지만 우리는 아이 개개인이 다 특별하다는 것을 믿는다. 모든 아이는 기회를 누릴 자격이 있다. 그리고 두 번째, 세 번째, 네 번째 기회 역시 누려야 한다. 모든 아이는 자신을 믿어주는 교사를 가질 자격이 있다. 이 책을 읽는다면, 여러분이 바로 그런 교사가 되어주리라 믿는다.

1
환영하며 맞이하라

*

*

*

생각 열기

"난 은퇴하면, 월마트 직원이 되고 싶어요." 분명히 이런 말을 들어본 적 있을 것이다(미국의 교사 처우나 상황은 한국과 다르다는 것을 감안하여 이해하자—옮긴이 주). 왜 많은 교사들이 계속 이렇게 말하는지 실제로 분석해본 적 있는가?

월마트 같은 매장은 직원들에게 낯선 타인인 고객이 가게에 들어올 때 행복한 척 맞이하게 한다. 사실 많은 교사들이 은퇴하면 이런 직업을 갖고 싶다고 말한다. 많은 교사들이 은퇴하면 월마트 직원이 되고 싶다고 말하는 데는 두 가지 이유가 있다. 첫째, 월마트 직원은 행복해 보인다. 둘째, 월마트 직원은 스트레스가 없어 보인다. 행복하고 스트레스 없는 직업을 누가 원하지 않겠는가?

자, 이제 왜 월마트가 고객을 맞이하는 전담 직원을 비용을 주고 고용하는지 이유를 생각해보자. 간단하다. 환영받는다고 느끼는 행복한 고객이 더 많은 물품을 구매하고 더 자주 구매하러 오기 때문이다. 더 이상 말할 필요도 없다! 이것이 바로 우리가 레스토랑에 들어가거나 비행기에 탑승할 때나, 고객이 행복하고 환영받는다고 느끼도록 혼신을 다하는 어떤 시설에서든 그곳에 들어갈 때 환영의 인사를 받는 이유이다.

그러면 이 개념이 학생들에게도 똑같이 적용되지 않을까? 우리도 학생이 교실로 들어올 때마다 고객인 학생들이 행복하고 환영받는다고 느끼도록 혼신을 다해야 하지 않을까? 우리가 "파는 것"을 학생들이 "사고 싶도록" 만들고 싶지 않은가? 학생들이 다시 교실로 돌아오길 원하지 않는가? 이런 질문의 대답은 그야말로 "네!"가 아닐 수 없다.

**교실
솔루션**

그러면 이 단순한 전략을 교실 안으로 가져와보자. 교사들을 관찰해본 결과, 대부분은 매일 학생들을 인사로 맞이한다고 주장하고 있다. 사실은 어떤 교사들은 인사하고, 어떤 교사들은 인사하지 않는다. 먼저, 환영하며 인사하기가 아닌 것을 살펴보자. 어떤 교사들은 교실 문 앞에 서 있다가 학생들이 오면, 이렇게 말한다. "들어가자. 네가 할 과제가 칠판에 적혀 있어. 교실에 들어가자마자 바쁘게 움직여야 해. 서둘러. 움직여야지. 곧 종이 칠 거야." 과연 이것이 환영하며 인사하기일까? 아니다. 오히려 이렇게 말하는 것과 같다. "내 고문실에 온 것을 환영한다." 이런 식의 싸늘한 방식으로 교실에 급히 들어오는 학생이 과연 교사가 자신이 그 교실에 오기를 원한다고 느낄 수 있겠는가? 교사가 자신을 원한다는 느낌을 받지 못하는 학생들이라고? 그것은 나쁜 품행을 위한 레시피나 마찬가지다. 게다가 수업은 아직 시작도 안 했다! 그렇게 시작부터 기초가 그렇게 다져지고, 작은 악동들은 꿍꿍이 계획을 꾸미고 있다.

이제, 인사를 한다는 것이 무슨 의미인지 알아보자. 아이들의 비행 문제를 거의 만들어내지 않는 가장 훌륭한 교사들은 항상 월마트 같은 매장이 알고 있는 단순한 전략을 알고 있다. 즉, 만일 교사가(인사하는 사람이) 매일 자신의 학생들에게(고객들에게) 행복해 보이고 실제로 학생들이 교실에서 환영받고 자신이 가치 있다고 느끼게 한다면, 학생들은 교사가 "팔고" 있는 것을 훨씬 더 많이 "구매"하려고 하며, 다음날 또 다음 날 또 다음 날에도 교실로 돌아오고 싶어 한다!

여기 매일 학생을 맞이하는 간단한 방법이 있다. 굳이 방법을 창조할 필요도 없다. 가장 성공한 교사들이 하는 대로 하면 된다. 교실 문에 서서 그저 "안녕! 오늘 기분 어떠니? 오늘 네 새 헤어스타일 참 멋지다. 오늘 다시 보니 기쁘구나. 어제 보고 싶었어." 아, 물론 교사가 간밤에 ㄱ군이 학교에 나오지 않기를 기도했을지라도, 중요한 건 ㄱ군은 그걸 모른다는 점이다. 그 학생은 교사가 자신을 보고 기뻐한다고 믿는다. 그러기에 학생은 행동을 더 바르게 할 것이다.

진실은 학생들은 자신들이 환영받고 자신이 가치 있

다고 느끼는 교실에서는 낯선 행동을 덜한다는 것이다. "환영하며 맞이하기"라는 간단한 행위는 아주 많은 문제를 해결해줄 수 있다. 만일 교사가 꾸준히 매일 학생들을 환영하며 맞이한다면, 훈육 문제는 급격히 감소할 것이다. 이 사실을 믿지 않는 교사라면 매일 학생들을 환영하며 인사하지 않을 것이다. 자, 이제 교사들에게 주의하라고 말하고 싶다. 만약 학생에게 조금 부정적으로 대하고, 미소 띤 채 인사하지 않던 교사였다면, 이 새로운 시도는 처음엔 학생들을 혼란스럽게 할 것이다. 학생에게 인사하는 방식이 교사가 "변한" 사람이 되었다는 확신을 주는 데 며칠 걸릴 것이다. 그러나 계속 환영하며 맞이하기를 고수하라. 결과는 그만한 가치가 있다.

이 "환영하며 맞이하기" 방식이 조금은 가짜 같아도 가능할까? 그렇다. 여러분은 정말로 매일 모든 학생들을 보면서 행복한가? 아마 아닐 것이다. 그러나 기억하라, 우리는 지금 배우가 되도록 고용되었다는 것을! 잘 알겠지만 월마트 직원들도 고객을 맞이할 때 행복하지는 않다. 비행기 승무원들도 아마 지치고 피곤해서 비행기가 텅 비어 있기를 바랄 것이다. 아이들 없는 교실처럼. 그러나 여기 여러분이 있고, 또 다른 승객도 있다! 승객은 승무원의 인사가 거품이 들어간 인사임을 결코 알아채서는 안 된다. 자신이 환영받고 필요하고 가치 있는 존재라고 느낄 자격이 있다. 학생들도 교사에게서 똑같이 느끼도록 만들어보자. 매일! 비록 처음엔 약간 속인다는 느낌이 들더라도, 더 잘 그런 척할수록 실제로도 더 행복하다고 느끼기 시작한다. 어느덧 교사의 인사는 더욱 진실해질 것이다. 이 무슨 횡재인가!

아울러 학생들이 교실을 떠날 때도 늘 작별인사를 하는 것은 어떨까? 만약 아이들이 행복한 상태로 교실에 왔다가 떠난다면, 더 좋은 행동을 기대할 수 있다.

꼭 짚어보기

만일 학생들이 교실에 오고 싶게 하려면, 교사가 학생을 정말로 원한다고 느끼게끔 확신을 주어야 한다. 단순한 "안녕"이란 인사가 누군가의 하루를 얼마나 더 좋게 만드는지 모른다!

단순하게, "안녕!"

선생님의 교실에 매일 들어설 때마다, 선생님은 미소
지으며 "안녕"이라고 말씀했지
그 몸짓이 내게 어떤 의미인지 선생님은 진실로 알지
못하네
오직 선생님만이 내가 환영받는 존재임을 느끼게
해주었네
선생님의 미소는 겁먹었던 내 삶을 지탱하게
해주었네
집에서의 내 삶은 아이인 내가 견디기엔 너무도
고되었는데
선생님의 교실은 나의 피난처였어, 나의 행복은
가짜였지
선생님을 위해 나는 최선을 다했지, 힘든
시기였을지라도
내 미소는 나의 고통을 감추기 위한 허울이었어
왜냐면 나는 너무 힘들었으니까

비록 선생님은 모르고 계셨지만, 내게는 큰 의미였지

내 삶에서 누군가 나를 원하는 곳이 있다는 것은

그곳에 있으면 내가 환영받는다는 것은, 나를

가르치고 싶어 하는 사람이 있다는 것은

내가 얻을 수 있는 좋은 것들이 있다는 것은, 내가

깨닫도록 도움을 주고 싶어 한다는 것은

책과 그 내용을 넘어서, 나는 그해에 알게 되었지

누군가에겐, 내가 그 단순한 "안녕"이란 말을 받을

가치가 있는 사람이라는 것을

2
자기소개 편지를 쓰라

✳
✳
✳

생각
열기

개학 첫날 담임 교사로부터 자신이 누구인지, 학생을 위해 무엇을 하려는지, 자신의 교육철학은 무엇인지 그리고 소중한 당신의 아이를 맡게 되어 기쁘다는 편지를 받았다고 상상해보라.

이번에는 그런 교사의 학생이 되어 교사로부터 여러분이 이 학급에 있게 되어 얼마나 기쁜지, 여러분을 만나 알아가고 가르치기를 얼마나 열망하는지 말하는 편지를 받았다고 상상해보자.

학부모나 학생으로서 나 자신이 이런 편지를 실제로 몇 통이나 받아보았는지 회상해보라. 있다손 치더라도 그리 많지 않았을 것이다. 여기 고려할 몇 가지 사항이 있다.

- ☑ 부모는 자신의 아이가 유능하고 잘 보살펴주는, 신뢰할 수 있는 교사의 손에 있다고 믿고 싶어 한다.
- ☑ 아이는 교사가 자신을 가르치는 것을 즐거워하고 학생들이 교실에 있다는 것에 행복해하는 사람이라고 믿고 싶어 한다.
- ☑ 교사가 아이들에게 관심을 가지고 마음을 쓴다고 믿는 부모들이 교사에게 더 협조적인 성향이 있다.
- ☑ 자신이 교사에게서 관심을 받는다고 인지하는 학생들이, 교사가 관심이 없다고 믿는 학생들보다 더 나은 행동을 보인다.

이것은 과학을 넘어 인간의 본성이다. 우리가 알고 있는 인간 본성을 학생의 더 좋은 행동을 발전시키기 위해 교실에서 이렇게 사용해보자.

좋은 학생 행동을 위한 5단계를 설정하는 간단 전략은 학생과 학부모에게 학기 첫날 편지를 쓰는 것이다. 학급 명단을 받자마자, 간단한 편지 두 편을 쓰자. 하나는 학부모에게, 하나는 학생들에게. 여기 두 가지 예시가 있다.

친애하는 _____ 학부모님

막 시작하는 새 학년에서 학부모님의 소중한 자녀를 가르치게 되어 기쁩니다. 저는 _____(여러분의 특정 과목에서 특별히 이루고 싶은 것에 관해 말하기) 할 계획이며, 이번 학기가 상당히 기대됩니다.
학부모님의 자녀를 가르칠 수 있게 되어 영광이며, 자녀가 성공적으로 학교생활을 하고 잠재적 능력을 충분히 발휘할 수 있도록 최선을 다할 것을 약속합니다. 혹시라도 문의할 사항이나 도움이

필요하시면, 다음 번호(학교 전화번호)로 연락을
주시기 바랍니다.
학부모님의 자녀를 가르치게 되어 다시 한 번
감사드립니다.
학부모총회 때 뵙고 자세한 말씀 올리겠습니다.

담임 _____ 드림

_____ 에게

이번 새 학년에 너를 가르치게 된 _____
선생님이란다. 나는 네가 우리 반에 있어서 참 기쁘고,
너를 알게 되기를 기대한단다. 나는 이번 새 학년이
너의 가장 멋진, 가장 성공적인 학교생활이 되도록
최선을 다하려고 한단다.
내 학급의 일원이 되어서 고맙고 반가워. 멋진

학교생활을 만들어보자꾸나.

담임 _____ 선생님이

꼭
짚어보기

이런 편지를 보냄으로써, 교사는
이제 막 긍정적인 새 학년 시작을 위해 학부모와 긍정적
인 관계를 위한 기초를 닦았다. 교장 선생님에게 학교가
우편요금을 지불할 수 있는지도 문의해볼 수 있다. 만일
이것이 재정적인 부담이 된다면, 바로 개학식 날에 학생
들을 통해 편지를 전달할 수 있다. 간단한 편지가 학생들
의 더 나은 행동을 격려할 수 있다. 어느 학년이든!

그날 저녁 학부모로부터 이런 문자 메시지를 받게 될
지도 모르겠다.

학부모

안녕하세요! 저는 OOO 학생 엄마입니다. 근거리 학교를 배정받지 못해서 걱정했는데 담임 선생님의 편지를 받고 나니 마음이 놓이는군요. 선생님의 가르침에 부응하도록 부모로서 최선을 다하여 지도하겠습니다. 누구나 다 그렇겠지만 저희 아이는 칭찬을 받으면 더 열심히 하는 것 같습니다.

두서없이 마음 불편하게 해드린 것 아닌가 모르겠습니다. 학부모총회 때 찾아뵙겠습니다. 안녕히 계세요.

2 | 자기소개 편지를 쓰라

ㅋ
규칙과 절차를 갖추어라

✳
✳
✳

생각 열기

일반적으로 알려진 것과 달리, 교실에서의 주요 문제는 학생들이 규칙을 지키지 않아서가 아니다. 오히려 교사가 확실하게 정립하고 꾸준히 실천하는 관행과 절차가 부족하기 때문이다. 하지만 이것이 분명하게 정해둔 규칙과 절차를 가지고 있으면 훈육이 식은 죽 먹기가 된다는 뜻은 아니다. 다만 규칙과 절차를 가진 교사가 명백한 규칙과 절차 체계가 결여된 교사보다 훨씬 덜 훈육 문제를 접하게 되는 것은 확실하다.

사실, 최고의 교사들은 그들이 훈육 면에서 도전받는다 하더라도, 거의 문제없다. 어떻게 그 도전이 문제가 되지 않도록 피할 수 있는지 알기 때문이다. 그들의 비결은? 바로 명확하고 일관성 있는 규칙과 절차다!

많은 교사가 규칙과 절차 사이의 차이점을 알지 못하는 것 같다. 이 부분을 명확하게 하고 단순화해보겠다.

- ☑ 규칙은 심각한 위법행위를 규제한다. 이를 어길 때면 반드시 결과가 따라야 한다.
- ☑ 절차는 교사가 어떤 일이 행해지도록 원하는 과정이다. 매번 같은 방법으로 한다.
- ☑ 학생이 규칙을 어길 때면, 그 학생은 처벌받는다.
- ☑ 학생이 절차를 따르지 못한다면, 교사는 학생들에게 그 절차를 반복해서 연습하면 된다.
- ☑ 5개 이상의 규칙을 만들지 말자.
- ☑ 절차는 많아도 좋다.
- ☑ 규칙의 한 가지 예는 (규칙은 위법행위를 규제하기 위한 것임을 기억하라), 교실 안에서 누구도 다치지 않도록 동의하는 것이다. 만일 규칙을 위반했다면, 분명한

결과가 따를 것임을 학생들은 미리 알고 있어야 한다.

☑ 절차의 예는 급식실 앞에서 줄 서는 방법이라든지, 질
문하고 싶을 때 어떻게 해야 하는지, 연필을 깎고 싶을
때 어떻게 해야 하는지, 모둠 활동에서 자리 배치는 어
떠해야 하는지 등이다.

자, 교사가 이 두 가지를 혼동하면 문제가 발생한다.
규칙표에 "수업 중 쓸데없는 말을 하지 않는다"라는 조
항이 있다고 하자. 말하는 행위 자체가 실제로 심각한 행
위는 아니다. 교사를 짜증 나게 하는 행위일 수는 있지
만 심각한 행위는 아니다. 그러므로 "절차"의 범주에 넣
어야 한다. "말하기 전에 손을 들어 허락받고 한다"라는
절차를 사용할 수 있다. 만일 한 학생이 순서에 맞지 않
게 이야기를 먼저 한다면, 어떻게 할 것인가? 간단히 그
학생에게 절차를 상기시키고, 필요하다면 다시 연습하면
된다. 만일 교사가 간단히 상기시켰음에도 반응하지 않
고 고질적으로 계속해서 말하는 아이가 있다면, 19장 '개
인적인 면담이 더 효과적이다'에서 우리가 해야 할 일을
토론할 것이다.

**교실
솔루션**

규칙

교실에서 심각한 위법행위라고 생각하는 것을 결정하자. 예를 들면, "우리는 학교에서 서로 때리지 않는다"가 있겠다. 이제 두 가지 사실에 주목하라. 첫째, 누군가를 때리는 것은 심각한 위법행위이다. 우리 중 누구도 학생들이 교실에서 어떠한 폭력적 행위를 하는 것을 원하지 않는다. 둘째, 규칙은 긍정적인 방식으로 정해져야 한다. 또, 규칙은 5개 이상을 넘어가지 않도록 해야 한다. 규칙을 학생들에게 소개하고, 왜 중요한지 토의하고, 그 규칙을 지키지 않으면 따르는 결과를 설명해주어야 한다. 그리고 그것을 적용하는 데 일관성이 있어야 한다. 무섭게 말고, 일관되게.

절차

한 번에 모든 절차를 설정하지 않아도 된다. 학생들은 너무 자세한 절차에 위축될 수 있다. 대신 가장 중요한 것부터 시작하고, 한 번에 몇 가지씩 첨가하자. 어떤 절차를 설정할 때, 6가지 간단한 단계가 있다.

1. 절차를 말하고, 그것의 중요성을 논의하라.
2. 절차를 본보기로 만들어라. 학생들에게 정확히 그것이 "무엇인지" 보여주어라.
3. 학생들과 절차를 연습하라(이것이 초등학교 수준의 학생을 위한 것이 아니라는 점에 주목하라. 프로 축구팀들도 매일 절차를 연습한다!)
4. 학생이 잘 지켰을 때 칭찬하라. 그리고 잊었을 때는 그 절차를 학생들에게 상기시켜라.
5. 학생이 잊어버릴 때는 계속해서 그 절차를 차분하게 연습하라.
6. 절차를 일관되게 유지하라.

만일 교사가 이 방법을 시도한다면, 가장 중요한 절차부터 시행하라고 제안한다. 어떤 교사든 가질 수 있고 가져야 하는 가장 중요한 절차가 무엇일까? 교사가 가져야 하는 가장 중요한 절차는, 필요할 때 학생의 관심을 집중시키는 일관된 방법을 만드는 것이다. 학생의 시선을 확보할 수 없다면 가르칠 방법이 없기 때문이다.

"학생들의 관심을 원할 때마다 쓰시는 방법 한 가지가 있다면요?" 이렇게 교사들에게 질문해보면 여러 가지 예가 등장한다. 교사들이 흔히 학생의 주의를 요구하는 신호 같은 절차에는 이런 예가 있다. 손가락을 입술에 대고 "쉬!" 말하거나, "주목"이라고 말하거나, 불을 잠시 끄면 아이들이 손을 무릎 위에 놓고 교사를 바라보도록 정한 약속 등이 해당한다. 학생들이 좋아하는 음악을 시그널 뮤직으로 쓸 수도 있다. 유행하는 만화 주제가를 틀어주면 책상에 엎드려 자던 아이도 미소를 띠며 일어나 교사를 바라보게 할 수 있다.

학생들의 시선을 모을 올바른 방법이 단 한 가지만 있는 것은 아니다. 하지만 절대로 효과가 없는 방법은 분명히 존재한다. 애걸하기, 협박하기, 경고하기는 비효과적이다. 교사가 실행하는 절차가 무엇이든지, 그것은 일관성이 있어야 하고, 학생들과 여러 차례 반복해서 연습이 되어야만 한다. 연습의 문제이기 때문에 결코 표정을 일그러뜨려 보일 필요가 없다(화가 날 때 문자 그대로 얼굴이 일그러지는 교사도 있다. 결코 예쁜 모습이 아니다!).

꼭 짚어보기

교사들의 일반적인 생각과 달리, 명확한 규칙과 절차를 포함한 좋은 훈육 계획을 세운다는 것은, 단순히 멋짐과 야비함의 대비가 아니라 오히려 일관성의 여부라고 할 수 있다! 만일 교사가 멋지지만 일관성이 없다면, 학생들이 교사를 좋아할 수는 있어도 그들을 제대로 관리할 수 없다. 따라서 가르치는 일도 물건너간다. 만일 교사가 야비하고 일관성이 없다면, 그런 교사는 망한 거다! 만일 야비하고 일관성이 있다면, 그래도 여전히 망한 거다. 그러나 만일 교사가 멋지고 일관성이 있다면, 멋진 수업 운영을 할 수 있다. 수업을 원만히 운영할 수 없다면 가르칠 수 없다. 그러면 교사로서의 사명은 끝난다.

그러니 규칙과 절차를 똑바로 세우고, 일관성을 보여주자. 그러면 아이들은 바람직한 행동을 하게 될 것이다.

4

"너, 괜찮아?"라고 물어라

✳

✳

✳

생각 열기

　　"너, 괜찮아?"이 짧은 말은 "난 네게 마음이 쓰여"라는 뜻이다. 누구에게나 내게 마음을 쓰고 관심 있는 다른 누군가가 있다는 걸 아는 것보다 더 기분 좋은 일이 있을까? 선생님이 자신에게 마음을 쓰고 관심을 가진다고 느낀다면 어떤 학생이든 더 잘 행동하지 않을까? 반대로, 어떤 학생이 심드렁한 선생님의 교실에서 좋은 행동을 하도록 동기를 부여받겠는가?

좋은 행동을 위한 조리법

품행이 좋지 않은 한 학생을 택하라, 분노 한 컵을
넣어라
그리고 당신의 목에 돌출된 정맥과 좌절의 한숨을
첨가하라
그리고 그것을 모두 잘 섞고 거품이 생길 때까지
끓여라
다 끓고 난 몇 초 이내에 고민은 곱절이 되어 있으리라

그것이 맛이 없다면, 여기 해독주스가 있다
당신이 격려하려고 하는 좋은 행동을 위한 조리법이

품행이 좋지 않은 학생을 택하라, 그리고 그 학생에게
괜찮은지 물어라
그리고 아이에게 당신이 그를 믿고 온 힘을 다해
보살핀다고 확신시켜라
교사가 자신을 버리지 않으며 진실하다고 아이가
믿을 때

교사는 그해 내내 좋은 행동의 맛을 누리게 되리라!

**교실
솔루션**

"너, 괜찮아?" 기법은 단순하고 효과적이다. 이 기법은 교사가 실제로 자신에게 마음을 쓰고 관심을 쏟는다고 믿는 학생이 훨씬 바르게 행동한다는 전제를 기본으로 하고 있다.

교사가 해야 할 일은 이렇다. 한 학생이 교실에서 부적절하게 행동하면 잠시 그 아이와 복도로 함께 나가 아주 진지한 어조로 질문하라. "너, 괜찮아?"(교사가 진심으로 염려하고 있다고 보이는 것이 정말로 중요하다) 여러분은 학생의 얼굴에서 놀란 표정을 보게 될 것이다. 그러나 거의 항상, 학생은 "네"라고 답한다. 그러면 바로 이어서 이렇게 말해보자. "음, 내가 묻는 이유는 네가 수업 중 행동했던 방식은 부적절해서. 전혀 너답지 않더구나."(아이는 이 별난 행동을 밥 먹듯 해오던 터라, 교사가 은근히 거짓말을 하고 있을지도 모르겠다. 하지만 이걸 두고 치유적 거짓말이라고 해두자) "그리고 네가 그런 식으로 행동하는 것은 무언가가 너를 괴롭히고 있기 때문이라는 걸 알고 있단다. 만약 너를 힘들게 하는 것에 관해 말하고 싶다면, 선생님이 항상 네 옆에 있다는 걸 알려주고 싶구나." 바로 이것이다. 그리고 여러분은 교실로 아무 일 없었다는 듯 돌아간다.

지금 학생의 낯선 행동을 다루고 있는가? 그렇다. 그 행동이 부적절하다는 점을 확실히 알려주었는가? 그렇다. 자, 이제 과연 학생의 행동이 개선될까? 대체로 그렇다!

교사가 하지 않은 행동이 마찬가지로 매우 중요하다는 점 또한 주목하라. 그 학생이 감히 그 행동을 다시 하게 하지 않았고, 교사도 개인적으로 감정이 상하지 않았다. 교사는 아이를 협박하지도 않았고, 한심한 아이라고 폄하하지도 않았다. 교사는 아이의 부적절한 행동에 관해 그저 관심과 염려만을 표현했을 뿐이다.

한 고등학교 선생님이 이야기 하나를 공유해주었다.

예전에 강연자 선생님의 "너, 괜찮아?" 기법에 관해 들었어요. 솔직히 그게 효과가 있을 거라고는 믿지 않았습니다. 저는 정서 행동 고위험군 학생들을 가르치고 있는데, 그들의 행동은 제가 여태껏 보아온 중에서도 최악입니다. 한 학생이 크리스마스 연휴가 지나 학교로 돌아오자 3일 연속, 수업 중에 아무것도 하지 않고 대부분의 시간을 책상에 머리를 대고 잠을 잤습니다. 저는 점점 화가 났고 좌절했지요. 그래서 "너, 괜찮니?" 기법을 시도해보려고 마음먹었어요. 물론 효과가 없을 거라고 믿으면서요. 저는 복도로 아이를 데리고 나와서 물었습니다. "너, 괜찮아?" 그 학생이 갑자기 울기 시작했어요. "아니요, 안 괜찮아요. 제가 암에 걸렸대요. 휴가 동안 진단이 내려졌어요. 그리고 무척 안 좋은 암이래요. 항암치료를 시작했어요. 그래서 정말 졸려요. 하지만 저는 정말 학교에 있고 싶어요. 제게 얼마나 시간이 남았는지 모르니까요."(이 이야기를 나눌 때 교사의 얼굴에는 눈물이 흘러내렸다) 저는 말을 이었습니다. 그 아이에게 물었어요. "왜 미리 선생님에게 말하지 않았니?" 그러자 그 학생이 대답했어요. "저는 선생님이 마음 쓰는지 몰랐어요"라고요.

자, 이 교사는 학생에게 마음을 쓰고 있었는가? 물론이다. 우리는 이 교사가 시간 날 때마다 그 학생을 항암치료에 데리고 가기 시작했다는 것을 나중에 알게 되었다.

그러나 사실 교사가 마음을 쓴다고 해서 학생들이 자동적으로 그걸 알아주는 것은 아니다. 많은 학생이 교사가 자신에게 관심이 하나도 없다고 가정하고 교사에게 온다. 어떻게 하면 학생들이 교사의 관심을 받고 있다고 느끼게 할 수 있을까? 우리 교사들이 학생들에게 마음 쓴다는 것을 그들에게 확신시키는 것, 그것이 우리가 해야 할 일이다.

 **꼭**
짚어보기

어떤 학생들은 교사가 자신에게 관심을 갖지 않는다고 지레짐작해, 종종 다음과 같은 결과를 초래한다.

☑ 낯선 행동
☑ 분개한 태도
☑ 무례함
☑ 무관심
☑ 동기결여

어떤 교사들은 자신이 학생들에게 관심을 두고 있다는 것을 알게 함으로써 다음과 같은 결과를 끌어낸다.

☑ 좋은 행동
☑ 긍정적 태도
☑ 존경심
☑ 관심

4 | "너, 괜찮아?"라고 물어라

☑ 동기부여

어느 쪽이 더 마음에 드는가? 여러분, 즉 교사에게 그
차이가 달려 있다.

5

학생 옆에 더 가까이 있어라

✳

✳

✳

생각 열기

　　　　　　　　물리적 장벽이 정신적 장벽을 만
들어낸다는 것은 분명한 사실이다. 예를 들어보자. 만일
누군가를 만나려고 어떤 방으로 들어갔는데, 그가 책상
뒤에 앉아 있다가 일어나서 당신 옆에 다가와 앉는다면,
편안하게 느껴질 것이다(그래서 교사의 학부모면담 시 학부모
와 마주 앉기보다는 옆으로 앉기를 권한다──옮긴이 주). 일단 책
상이라는 장애물이 제거되었기 때문이다. 만일 연단 뒤
에 서 있는 강연자의 연설을 듣는다면, 강연자가 실제로

청중 속으로 걸어가 참가자들과 상호작용하는 경우와는 다르게 느낄 것이다. 식사하러 가서 누군가가 식탁 건너편에 앉아 있다면 옆에 앉는 것만큼 친밀하지 않다. 이해가 되는가? 이제 교실 속으로 들어가보자.

교실 솔루션

교사들은 너무도 자주, 보통은 그것을 깨닫지 못하고 물리적 장애물(책상이나 연단)로 학생들과 자신을 분리하곤 한다. 당연히 지금 학생들은 교사가 물리적인(그리고 정신적인) 장벽을 만들었다고 의식적으로 생각하지는 않는다. 하지만 잠재의식적 단계에서 학생들의 행동은 이를 인식한다고 말하고 있다. 교사들이 학생과 자신을 물리적으로 분리하는 교실에서, 학생의 행동은 더 나빠진다.

간단한 해법을 원하는가? 교탁이나 교단에서 벗어나 바로 학생들 가운데 서서 가르쳐보자! 교사의 단순한 이 행동이 선생님이 "바로 여기" 자신들과 함께 있다는 메시지를 보낼 것이다. 또한 교사가 학생과 근접할수록, 낯선 행동은 줄어든다. 시도해보라. 만일 한 학생이 부적절하게 행동한다면, 그저 다가가서 그 옆에 멈춰서라. 물론 그 학생에게 시선을 주지 않은 채로. 그리고 수업을 계속하라. 계속 그 아이 가까이에서. 언제나 바로 학생의 행동이 개선될 확률이 매우 높다. 어른이 바로 옆에 서 있을 때 학생은 잘못된 행동을 하는 것을 어려워하기 때문이다.

고려할 점이 더 있다. 수업을 관찰한 바로는 교사들은 자신만의 "편안한 구역"이 있어서 그곳으로 자연히 끌리는 경향이 있다는 게 증명되었다. 이는 결코 효과적이지 않다. 대부분의 훈육 문제는 교사와 가장 멀리 떨어진 곳에서 발생한다는 것이 증명되었기 때문이다. 해법이 있다면? "계속 움직이기"다! 교사가 계속해서 돌아다닐 필요는 없으나, 가르치면서 의도적으로 교실에서 이리저리움직일 필요가 있다. 시선을 교실 안 학생들에게 골고루 주도록 훈련해야 하는 것처럼.

스스로에게 이 질문을 던져보라. 만약 누군가 교실 안으로 들어와 학생들에게 "너희 선생님은 평소 어디에 서

계시지?"라고 묻는다면, 그 대답은 이래야 한다. "우리 선생님은 여기저기에 계세요. 오랫동안 한곳에 서계신 걸 못 봤어요." 안타깝게도 대부분의 교사는 솔직히, 자신이 교실 어느 특정 구역에만 끌리는 경향이 있다는 점을 깨달을 것이다. 그러니 교사는 "편안한 구역"에서 나오려고 노력해야 한다. 학생들에게 더 가까워지고 그들 속에서 움직이려고 부단히 노력해야 한다.

꼭 짚어보기

학생들과 가까우면 가까울수록, 그들은 더욱 깊게 참여하고, 행동은 더욱 좋아지고, 딴 생각에 잠길 유혹에 덜 빠진다. "고양이가 멀리 있으면, 쥐가 놀게 된다"라는 말이 진실이다. 학생 가까이 머무르자. 그리고 물리적인 장애물을 제거하자. 수업 전 그리고 수업 후 가급적 교사 책상 뒤에 앉지 말자. 교사가 아이들을 가까이할수록, 행동 문제로 속상할 일이 줄어든다.

6

학생을 믿어라!

*

*

*

✓ 교사가 실제로 자신을 믿는다고 생각하지 않는 학생이
  많다.

✓ 부모님이 실제로 자신을 믿는다고 생각하지 않는 학생
  도 적지 않다.

✓ 어른은 누구든 실제로 자신을 믿는다고 생각하지 않는
  학생도 많다.

✓ 그러므로 많은 학생들이 자기 자신도 믿지 않는다.

☑ 자신을 믿지 않는 학생이 더 많은 행동 문제를 일으키는 경향이 있다.

☑ 자신을 믿는 학생은 실제로 교사에게 훈육 문제를 덜 초래한다.

이 과정에서 아이들은 자연스럽게 그리고 어릴 때부터 자기 자신을 믿지 않게 된다. 학생들은 자신의 "가치"를 결정하기 위해 자신의 삶에 있는 어른들에게서 역할 모델을 찾는다. 만일 학생의 가정에 긍정적인 역할 모델이 결여되어 있다면, 학생의 유일한 희망은 교사의 수중에 있을지도 모른다. 가정에 긍정적인 역할 모델이 없다면, 그런 학생들은 행동과 관련하여 다루기가 더욱 어려운 경향이 있다. 그래서 교사의 일은 더욱 도전에 직면하게 된다. 물론 아무도 가르치는 일이 쉽다고 말하지 않았다. 어려운 일이다.

그러나 모든 아이들은 자신을 믿어줄 어른을 가질 자격이 있다. 그리고 비록 아이가 가정에 긍정적인 역할 모델이 있고 실제로 자신감이 있더라도, 그 아이를 믿지 않는 한 명의 교사가 전체 성장 방정식을 잘못되게 만들 수 있다! 학령기 아이들이 선생님들과 얼마나 많은 시간을 보내는지를 고려할 때(종종 부모님보다 선생님과 더 많은 깨어 있는 시간을 보낸다), 교사가 학생의 삶에 왜 그렇게 강력한 영향을 주는지 이해하기란 어렵지 않다. 마찬가지로 교사가 아이를 가르치기 전에 그 아이에게 다가가야 한다는 사실을 고려할 때, 교사로서 여러분이 가르치는 모든 아이에게 다가가야 하는 것이 주된 목표여야 한다. 그렇다면 어떻게 교사는 아이에게 다가갈 것인가? 교사는 자신이 아이를 믿는다고 확신시킴으로써 그 아이의 관심사 안으로 들어갈 수 있다.

**교실
솔루션**

학생에게 다가가서 가르치기 위해서는 교사가 자신을 믿는다는 것을 모든 학생에게 확신시켜야 한다는 사실을 확인했다. 한 학생도 빠짐없이 말이다! 그렇다면 교사가 학생을 믿을 때는 과연 어떻게 보일까?

6 | 학생을 믿어라!

☑ 자주 보이는 교사의 미소

☑ 지속적인 격려와 "너는 할 수 있어"라는 말

☑ 교사의 지지

☑ 교사의 인내심 증대

☑ "선생님은 너를 믿어"라고 자주 이야기하기

학생이 스스로에게 신뢰감을 갖기를 원하는가? 그러면 실제로도 아이에게 너를 믿는다고, 아이를 포기하지 않을 거라고, 힘겨움을 이해한다고, 그래서 교사인 내가 여기에 너희들을 위해 있다고 말하자.

학생들에게 그들을 믿는다고 실제로 말하고 보여주어야 한다는 것을 잊고 있는 교사가 참 많다. 실천은 어렵지 않다. 그냥 하자!

**꼭
짚어보기**

스스로 믿는 학생이 더 좋은 행동을 한다. 학생을 신뢰하는 교사들은 거의 훈육 문제를 겪지 않는다. 만일 교사가 "내가 학생을 믿는 이런 간단한 일을 한다고 해서 아이들이 좋은 행동을 하게 된다니, 말도 안 돼"라고 생각한다면, 분명 아예 이 방법을 시도해본 적이 없기 때문이다. 그러니 시도하라. 그러면 곧 확신하게 될 것이다!

나를 믿는다는 것

나는 이해하지 못했어, 그러나 나의 선생님은 그냥 넘어갔지

선생님은 내가 깨달음의 빛을 얻기를 기다릴 시간이 없다고 말했지

그래서 선생님은 앞질러가고 난 그곳에 남았네

선생님은 나를 먼지 속에 내버려두고 가셨네

선생님은 내가 할 수 있다고 믿지 않았지

얼마나 멀리 내가 따라갔을까? 선생님이 내게 최선을 다했다면?

선생님이 내게 손을 뻗어 내가 넘어지지 않게 했다면?

정확히는 알 수 없지만 너무 늦지 않았다는 건 알아

내 운명을 단정 짓지 않은 새로운 선생님이 이제
오셨지
선생님은 내가 할 수 있다고, 내가 할 수 있는 한
우리는 계속한다고 말씀하셨어
선생님은 인내심 있고 단호하셨지 선생님은 나를
믿으셨어. 여러분은 어떤가요?

7

자리 배치가 관건이다

❋

   ❋

❋

생각
열기

        친구와 함께 영화나 연극 또는 야구 경기를 보러 가면, 누구 옆에 앉는 것을 좋아하는가? 낯선 사람을 골라 그 옆에 앉는 것을 좋아하는가? 아니면 친구 옆에 앉는 것을 더 좋아하는가? 너무 뻔한 질문이다. 그러면 왜 우리는 아는 사람 옆에 앉는 것을 선택할까? 아는 사람 옆에 앉아야 편안함을 느끼기 때문이다. 대화를 할 수 있고, 그래야 재미를 더하기 때문이다. 이것이 인간의 본성이다. 가령 친구와 영화관에 있는데, 영화 시작 직전에 누군가 들어와 다음과 같이 말한다고 가정해보자. "자, 여러분, 제 말을 들어주세요. 여러분이 어디에 앉아야 하는지 말씀드리겠습니다. 누구도 아는 사람 옆에 앉아서는 안 됩니다. 옆 사람과 말하고 싶어질 테니까요. 영화가 상영되는 동안은 말을 해서는 안 되기 때문입니다." 상상해보라. 성인이라면 우리는 이 시점에서 극장을 떠날지도 모른다. 만일 그렇지 않더라도 화가 날 것이다. 이것 역시 인간 본성이다.

학교라면 이런 일이 어디에서 나타날까? 학교에서의 첫날, 학생들은 교실로 들어가면서 가능한 한 편안함을 느끼고 싶어 한다. 그래서 그들은 친구 옆자리를 택한다. 위에서 언급한 이유 때문이다. 분명히 학생들은 모르는 아이들과 이야기 나누는 것보다 아는 아이들과 더 많은 이야기를 나눈다. 물론 이는 교사에게 고충을 의미할 수 있다. 이제 교사는 두 가지 중 한 가지 선택을 해야 한다. 하나는 학생들이 선택한 자리에 앉게 하고 행동 문제가 일어날 때까지 기다리기. 또 하나는 자리를 미리 정해주고 친구와 말하려는 커다란 유혹에 빠져들지 않도록 희망하기. 여기, 더 좋은 효과적인 방법이 있다.

**교실
솔루션**

　　새 학년 첫날, 교사는 학생들에게 쓴맛을 남기지 않는 것이 중요하다. 학생들이 내일도 교실에 돌아오길 원한다면 말이다. 하지만 제멋대로 굴게 내버려두라는 말은 아니다. 대신에 첫날, 학생들에게 자신의 자리를 선택하는 것을 허락하면 어떨까? 교실에서 편안함을 느낄 수 있도록 며칠 동안 원하는 자리에 앉는 것을 허락하기로 했다고 알려주면? 그리고 말해라. "자, 이후 일은 나중에 다시 이야기해요. 여러분, 괜찮죠?" 바로 이거다. 더 이상 정보를 주지 마라.

　　며칠 이내로 소란을 초래하지 않으면서도 친구 옆에 앉아 있을 수 있는 학생들을 여러분은 알 수 있다. 또한 교사와 다른 학생들의 정신건강을 위해 분리될 필요가 있는 소수의 학생들 역시 슬슬 골라낼 수 있다. 자리 배치 업무와 관련해서 대부분의 교사는 5~6가지 전략적 움직임이 이 문제를 해결한다는 데 동의한다.

　　자, 이제 자리 배치 계획과 동시에 여전히 학생들을 행복하게 하는 일이 필요하다. "내 직업은 학생을 행복하게 만드는 일이 아니야"라고 다짐하지 말라. 행복한 학생들이 더 좋은 행동을 하고, 배우는 데 더 열의 있으며 최선을 다한다는 점을 떠올리라. 행복한 학생들이 더 의욕적이다. 행복한 학생들은 다른 학생들에게 행복을 퍼뜨린다. 자, 이제 요점 파악을 했다. 자리 선택으로 행동 문제가 나오기 직전에 있는 학생을 어떻게 좌우할 것인가? 어떻게 해서 이 학생의 마음을 여전히 행복하게 할 것인가? 심리학을 조금 이용하자. 한 교사가 우리에게 공유한 예가 있다.

"행동 문제 때문에 학생들 대여섯 명의 자리를 옮길 필요가 있었어요. 맨 끝자리에 앉은 학생의 자리를 옮겨서 제일 앞에 앉히고 싶었어요. 어떤 학생들은 다른 학생들과 떨어뜨려서 이동시킬 필요가 있었죠. 그러나 누군가를 벌주는 것처럼 보이고 싶지 않았어요. 그래서 다음과 같이 했습니다. 전 원활한 수업 진행을 위해 약간의 자리 이동이 필요하다고

말했어요. 교실 맨 끝자리에 앉은 그 학생에게
친구들이 숙제를 앞으로 넘길 때 그걸 모으고
정리해줄 1인 1역을 해주면 좋겠다고 말했어요.
그리고 그 학생이 책임 있게 그 역할을 하려면 자리를
옮겨야 할 필요가 있다고 했지요. 그 학생은 기꺼이 그
일을 했을 뿐 아니라 행동 또한 개선되었습니다. 그
학생에게 약간의 책임을 주었기 때문이죠!
다른 학생들도 다양한 1인 1역을 선택하게 하고 맡은
일을 가장 잘 수행할 수 있는 자리에 배치했어요.
아이들은 이 제도를 신뢰했고, 저는 고민거리가
없어졌어요. 그 이후 수년 동안 매우 성공적으로
교실에서 똑같은 접근법을 사용하고 있습니다."

또 다른 방법은 자리 배치를 하면서 "협동 모둠"을 이
용하는 것이다. 학생들에게 모둠에 따라 자리 배치를 하
겠다고 미리 선언해둔다. 다시 말해 학생들을 협동 모둠
으로 나누어라(어느 학생이 협력할 수 있고 협력할 수 없는지
세심하게 모둠 구성원을 결정하라). 그러면 협동 모둠 시간 동

안 그들의 책상을 자기 모둠원과 가깝게 배치할 수 있다. 학생들은 실제로는 교사가 문제의 소지가 있는 아이들 일부를 그들이 어울리는 "문제아 패거리들"과 분리하는 과정이라는 것을 결코 알지 못할 것이다.

그렇다고 문제가 고질적일 때, 학생들에게 이 문제에 대해 말하거나 자리 배치를 바꾸어선 안 된다고 제안하는 것은 아니다. 교사가 위에서 언급한 방법을 사용하면, 이런 문제는 훨씬 줄어들 것이라는 의미다.

꼭 짚어보기

자리 배치 방식에 따라 학습 환경과 분위기가 많이 달라진다. 중요한 점은 교실 자리 배치는 학생의 행동에 크게 영향을 미친다는 것이다. 이런 사실 때문에 때때로 학생들의 자리를 바꾸어야 한다. 그러나 심리학을 약간 이용함으로써 수업 과정 중 상당한 심적 고통을 예방할 수 있다. 신중하게 자리를 배치함으로써, 낯선 행동 문제를 극복할 수 있다.

8

학부모에게 행복 편지를 보내라

✳
✳
✳

생각 열기

　　대개 학부모들은 자신이 자녀를 잘 키우고 있다고 믿고 싶어 한다. 자신의 작은 천사들을 자랑스러워하는 경우가 대부분이고. 그래서 대부분 누군가 자신의 자녀가 뭔가 부족하다고 암시한다면 위축되거나 다소 방어적으로 되기도 한다. 당연하게도, 부족한 자식은 완벽하지 못한 부모양육의 직접적인 반영이라고 생각하기 때문이다. 부모는 자신의 아이에 대해 좋은 말을 듣는 것을 가장 기뻐한다. 또한 아이도 부모님과 선생님이 자신을 자랑스러워하기를 원한다. 이제 이를 교실에 적용해보자.

교실
솔루션

오늘 나눌 전략은 수많은 교실에서 사용되며 항상 놀라운 성공을 거둔 방법이다. 예시는 다음과 같다. 즉, 매일 "행복 편지" 메모 한 개를 한 명의 학부모에게 보내는 것이다.

행복 편지는 아래 예시를 참고하자.

친애하는 _____ 학부모님께

저는 오늘 _____가 _____해서 무척 자랑스럽습니다. 부모님께서도 자랑스러워 하시리라 믿습니다.

이게 전부다. 빈칸을 채운 다음 이름에 서명하면 끝. 어느 때나 쓸 수 있게 이 편지를 복사해두는 교사도 많다. 빈칸을 채우는 데는 대략 20초 정도밖에 안 걸리지만, 그 파급효과는 매우 크다.

가령 도전적인 행동을 하는 아이가 있다고 하자. 학부모에게 아이 행동의 잘못된 면을 시시콜콜 써보낼 많은 이유, 즉 타당한 이유가 있는 것은 당연하다. 그러나 그런 아이일수록, 그 아이의 행동을 꼼꼼히 살펴(22장 '"딱 걸렸어"란 말을 아껴라'에서 더 상세히 언급하겠다) 긍정적인 변화를 예리하게 파악하여 그 아이의 부모에게 "행복 편지"를 쓸 기회로 삼아보자. 이런 편지는 아이가 집에 가져가면 거의 항상 냉장고에 붙여놓는다! 교사가 이 학생이 늘 행동을 바르게 한다고 주장하는 게 아니니 부정직한 것도 아니다. 대신, 좋은 행동의 순간을 기회로 삼아 그 행동을 계속하도록 돕는 데 사용한다.

이런 편지를 매일 학부모에게 보낸다고 상상해보자. 담임 맡은 학급의 모든 부모가 순서대로, 학급 규모에 따라 매달 또는 한 달 반마다 교사로부터 긍정적인 편지를 받는다는 의미이다. 비록 두 달에 한 번일지라도, 부모는 통상적으로 아이의 교사로부터 여태껏 받았던 것보다 더 많은 편지를 받은 기분일 것이다!

자, 이제 이 편지를 통해 담임이 아이들의 바람직한 변화에 주목하고, 가르치는 아이들에게 실제로 마음 쓰고 있는 교사임을 확고히 한 것이다. 그래서 교사가 학생의 낯선 행동에 관해 간혹 부모와 연락할 필요가 있다면, 그 부모는 교사의 말을 훨씬 더 잘 수용할 것이다. 이것은 이론적 설명이 필요한 과학이 아니라 인간의 본능이다!

가장 중요한 점은 교사가 자신의 좋은 점을 알아차린다는 것을 역시나 알고 있는 학생에게서 실제로도 행동의 개선을 거의 항상 보게 된다는 것이다! 이것은 하루마다, 수업 시간마다, 기껏해야 여러분의 시간 중 1분이 소요되는 자유롭고 쉬운 기법이다. 1분을 잘 사용함으로써, 교사는 수십 분의 좋은 행동으로 보상받을 것이다.

꼭 짚어보기

학부모에게 "행복 편지"를 보냄으

로써, 부모와의 관계, 학생과의 관계, 학생 행동 개선을 포함해 교사 자신의 기분까지 모두 좋아지게 된다. 자유롭고, 효과적이고, 그리고 쉽다. 그러니 해독제로 편지를 써라, 그러면 모두 흐뭇해질 것이다. 동시에 더 바람직한 학생 행동을 권장하게 될 것이다!

9

학생이 부모에게 직접
편지를 쓰게 하라

✳

✳

✳

**생각
열기**

　　　　　　심리학을 좀 더 계속해서 이용해
보자. 수년간 교사들은 학부모에게 "귀하의 자녀가 수업
중 행동이 바르지 않습니다"라는 어려운 편지를 쓰느라
고군분투해왔다. 보통 그 편지에는 그 아이가 수업 중 한
일이나 하지 않은 일, 또는 그 아이가 다른 학생에게 행
한 일이 정확히 기술된다. 이런 형식의 편지는 때로 전달
과정에서 고의적으로 분실되거나, 종종 학부모가 이를
해석하는 과정에서 길을 잃어버리곤 한다.

친애하는 학부모님께

아이가 오늘 교실에서 엄청난 행동을 했습니다.
저는 이 편지를 써야만 하는 것이 무척 당황스럽고
참담합니다. 그러나 부모님이 알고 계셔야 한다는
생각에 보냅니다. 부모님께서 아이와 이야기를
나누시고 엄히 혼을 내주시기를 바랍니다. 그렇게
해서 만약 우리가 지금 여기서 행동을 바르게 만들고
문제를 덜 일으키도록 지도하지 않는다면, 문제는 곧
배가 될지도 모릅니다.

친애하는 선생님께

선생님의 편지를 받고 그 행동을 하지 않았다고 하는
아들과 이야기를 나누었습니다. 그 아이는 자기 일을
자세하게 설명했습니다. 선생님께서 오해를 하신 것

같습니다. 그러니 다름 아닌 선생님 자신부터 행동을 바꾸실 필요가 있습니다. 선생님께서 사과하시기를 기대합니다!

위의 상호작용이 너무 익숙한 방식처럼 들리는가? 만일 그렇다면, 우리에게 해결책이 있다!

교실 솔루션

학생들에게 행동이 바르지 않을 경우, 더 이상 교사가 그들의 부모님에게 편지를 쓰지 않겠다고 알리자. 이 발표에 환호성과 안도의 한숨이 흘러나올 것이다. 그때 학생들에게 말하라. "대신에 여러분이 편지를 쓰게 될 거예요. 여러분은 충분히 자랐고 충분히 성숙했습니다. 그래서 선생님이 편지를 쓰는 것보다 여러분이 직접 편지를 쓰는 것이 좋을 거라고 믿어요." 빈정대는 어조로 이 말을 하지 않도록 조심하라. 오히려 학생들에게 호의를 베푸는 것처럼 행동하라. 바로 이것이다.

자, 다음에 한 학생이 부적절한 행동을 한다. 그리고 교사가 이 일을 학부모에게 알리고 싶다면, 그 학생에게 편지를 쓰게 하라. 가령 수영이가 나영이에게 나쁜 말을 했고, 수영이에게 이미 이런 행동이 습관이 되었다면 간단히 수영이에게 말하라. "네 부모님이 이 사실에 관해 아실 필요가 있다는 것, 너도 알 거라고 생각한다. 그러니 어떤 일이 있어났는지 부모님께 편지를 쓰렴." 그 학생에게 자신이 했던 나쁜 말을 편지에 그대로 써도 좋다고 말한다. 수영이는 마지못해 쓰기 시작한다.

엄마 그리고 아빠께

오늘 수업 시간에 내가 나영이에게 ___**___ 라고 불렀어요.

-수영이가

9 | 학생이 부모에게 직접 편지를 쓰게 하라

교사 서명 : _____

학부모 서명 : _____

(*부분이 어떤 말로 채워질지 각자 상상력이 풍부해지지
않는가.)

　물론 교사도 서명한다. 학부모 서명을 받아 다음 날 가
져오라고 말하면서 수영이 편에 편지를 집으로 보낸다.
이제 교사는 학부모가 "결코 우리 아이는 이런 문제 행
동을 저지르지 않았다"라고 말하기 위해 연락하지 않았
다는 것을 깨닫고 놀랄 것이다. 바로 아이가 자신의 손글
씨로 사실을 인정했기 때문이다. 그 편지는 아이가 쓴 것
이지, 교사가 쓴 것이 아니다. 학부모에게 이것은 훨씬
덜 위협적이고 보통 더 믿을 만한 일이다.

　그러나 만약 수영이가 다음날 학교에 와서 부모님께
그 편지를 보여드리는 것을 "잊었다"라고 주장한다면?
간단한 해결책이 있다. 수영이를 바로 옆에 두고 전화를

걸어 말한다. "수영이 어머니, 저는 담임 _____입니다. 수영이가 어제 어머니께 드릴 편지가 있었는데 깜빡 잊었다는군요. 다시 집으로 가져가도록 수영이를 힘들게 하는 대신, 제가 수영이에게 그 편지 내용이 무엇인지 말하도록 하려고 합니다. 자, 수영아!" 그리고 수영이에게 전화기를 건네준다. 이 기법은 매력적으로 작동한다. 보통 학생들이 오직 한 번 경험하는 것만으로도 아이들의 행동은 기적적으로 향상된다.

꼭
짚어보기

이렇게 아이가 명확히 자신의 말과 손글씨로 자신의 행동을 "인정"할 때, 교사는 과잉반응으로 비난받거나 아이가 하지 않은 일로 나무란다고 비난받거나, 아무것도 아닌 일을 크게 만든다는 민원에서 벗어나게 된다. 학생들에게 자기 부모에게 직접 편지를 쓰게 하라!

아이의 편지

만일 한 아이가 엄마 혹은 아빠에게 편지를 쓴다면

자신이 나쁜 행동을 했다고 자신의 말로써

인정한다면

아이의 부모는 그것을 믿을 것이다

그리고 비록 그들은 화가 날지라도

아이 행동은 훨씬 더 향상될 것이니!

10

학생들에게 역할을 부여하라

✳
✳
✳

생각 열기

작은 책임감이 더 책임감 있는 태도를 기를 수 있다! 하지만 이 사실을 간과해 의식적으로 학생들을 보다 더 책임감 있게 키우는 데 소홀한 교사들이 적지 않다.

책임감은 보통 누군가에게 또는 어떤 일에 책임을 느낀다는 것을 나타낸다. 책임감은 또한 권위도 지닌다. 아이들도 어른과 마찬가지로 권위가 주어질 때 어려운 상황을 성공적으로 헤쳐나갈 가능성이 크다. 책임감 있는 사람이 무책임한 사람보다 더 적절하게 행동하는 경향이 있다. 만약 무책임한 사람에게 약간의 책임을 부여한다면 훨씬 덜 무책임해진다. 다만 약간의 책임을 부여하는 것이 가장 좋다. 만일 교사가 무책임한 아이에게 그 아이가 얼마나 무책임한지 상기시킨다면, 아이는 훨씬 더 무책임하게 행동할 것이다. 이 점을 받아들여 교실에서 학생들이 보다 나은 행동을 발전시키도록 적용해보자.

**교실
솔루션**

우리는 교사가 점차 학생들에게 더 많은 책임감을 부여할 것을 적극 추천한다. 또한 가장 책임감 없는 학생들을 파악하여 그들에게 빨리 일하도록 할 것을 제안한다!

다음은 어느 교사가 우리에게 공유해준 내용이다.

매년 제가 하는 가장 첫 번째 일 중 하나는 가장 책임감 없는 학생들을 찾아내어 그들을 책임감 있는 학생들로 만들기 시작하는 것입니다. 교사인 제가 집중하는 행동은 확장될 것이고, 제가 무시하는 행동은 사라질 거라는 것을 알고 있어요. 그래서 저는 학생들에게 의무를 부여하고 그들이 얼마나 책임감을 갖게 되는지 주의를 기울여요. 심지어 부모님께 아이가 매우 책임감이 있어서 얼마나 자랑스러운지 알리는 편지도 집으로 보냅니다. 저는 고등학교에서 가르치지만, 초등학교 교사인 아내가 학생들에게 부여하는 것과 똑같은 방식으로 제 학생들에게 책임을 부여합니다. 학생에게 각자 숙제 걷는 일, 칠판 깨끗이 닦는 일을 부여하지요. 스티커를 받을 만한 학생이 있으면 칭찬스티커 붙이는 역할도 누군가에게 부여해요. 저는 이 아이디어를 초등교사인 아내에게서 얻었어요. 처음에 저는 이것이 효과가 있을 거라고 믿지 않았습니다. 그러나 다른 선생님들은 큰 문제를 겪는 학생 몇몇이 제 수업 시간에는 아무 문제가 없는 것을 보고 그 효과를 믿게 되었어요. 학년이 진행됨에 따라 저는 책임감을 더 늘렸습니다. 궁극적인 목표는 학생들을 더 책임감 있게 만드는 작은 일을 찾는 거였어요. 학생들이 점점 더 책임감을 가질수록, 그들의 행동 또한 더 좋아졌습니다.

꼭 짚어보기

위에서 자신의 경험을 공유한 교사가 말한 것 중에서 가장 심오한 내용은, 교사가 집중하는 행동은 확장되고, 무시하는 행동은 사라진다는 사실이다. 그렇다. 학생들을 책임감 있게 만드는 데 집중하면, 그들의 무책임함은 줄어들게 된다. 무책임함이 줄어들면, 좋은 행동이 발전한다(수업 시간 1인 1역이 그 좋은 예이다─옮긴이 주).

11

압박하지 말고 강조하라

*

*

*

생각 열기

과장처럼 들릴지 모르겠지만, 부탁이니 성공은 성공을 낳고 압박은 압박을 낳는다는 사실을 고려해주기 바란다. 논란의 여지는 있다. 만일 그렇지 않다면, 모든 교실에서 교사들이 공통된 목표—학생들을 성공시키려는—를 성취하기 위해 성공만을 강조할 것이다. 연구에 의하면, 교사가 학생에게 하는 말은 긍정적인 것보다 부정적인 것이 더 많다. 인간의 두뇌는 긍정적인 말을 처리하는 것보다 부정적인 말을 처리하는 데 훨씬 더 많은 시간을 소요한다는 다른 연구도 있다. 학생이 부정적인 생각을 처리하는 동안은 학습이 거의 불가능하다는 연구도 많다. 이것이 사실이라면 해법이 복잡할 이유는 없다. 그렇다면 우리가 교실에서 성공을 압박하는 게 아니라 강조하기를 원하면 되지 않을까? 교사로서 성공을 강조하는 것이 교사의 초점이 되어야 하지 않을까? 하지만 교실 현장을 관찰해볼 때, 긍정적인 말보다는 부정적인 말을 더 자주 듣게 된다. 물론 모든 교사가 부정적이라는 의미는 아니다. 가장 훌륭하고 유능한 교사는 부정적인 언급을 거의 하지 않는다. 하지만 그런 교사들조차도 훨씬 더 긍정적으로 성공을 강조하면서 일하는 데 앞장서겠다고 할 것이다.

교실 솔루션

우리는 교실에서 성공을 강조하는 부분에 있어서 거장인 한 선생님을 안다. 그분은 학교에서 몇 번이나 유급되고, 비행을 일삼고, 이전 학교에서 정학당하거나 퇴학당한, 학교에서의 성공 경험이 전혀 없는 고위험군 학생들을 가르친다. 하지만 해마다 이 교사는 두 가지 일을 해낸다. 즉, 학생들이 예의 바르게 행동하게 하고 성공하게 만든다. 어떤 교사가 무엇을 더 원할 수 있을까? 이 교사는 많은 동료 교사들이 가르치고 싶어 하지 않는 학생들과 그 일을 해내고 있다. 그래서 우리는 그 비밀을 공유해달라고 부탁했다. 여기 그 비법이 있다.

이 학생들은 "나쁜 아이들"이라는 꼬리표가 붙어 있어요. 아이들 대부분은 벌써 법적인 문제에 휘말려 있지요. 중학교 1학년 교실의 평균나이가 만 15살이에요. 이 학생들에게 학교는 관심 밖의 일이죠. 그래서 아이들에게 성공의 경험을 갖게 하고 제가 아이들을 믿는다고 확신을 주는 것 외에는 선택의 여지가 없었어요. 그들이 자신을 스스로 믿게 하려면 그게 유일한 방법이지요. 예를 들면

11 | 압박하지 말고 강조하라

아이들 대부분이 학교 첫날에 완벽한 문장을 쓰지 못했어요. 저는 학년말까지 학생들이 제대로 구조를 갖춘 에세이를 쓰도록 하는 것이 목표였기 때문에, 처음부터 시작해야 했어요. 학교 첫날, 아이들에게 너무나 간단해서 모두가 성공할 수 있는 문장을 쓰도록 했어요. 그러고나면 그들 모두를 아낌없이 칭찬해줍니다. 아이들은 자신이 해냈다는 걸 알면, 기꺼이 또다시 시도하려고 애씁니다.

자, 이제 몇 주 이내에 이 학생들은 훨씬 더 복잡한 문장을 쓰게 된다. 곧 그들은 간단한 문단을 쓰게 되고 마침내 학년말에 에세이를 쓰게 된다! 게다가 불과 수개월 전보다 훨씬 더 올바른 행동을 하게 된다. 이 교사는 해마다 그 일을 해내고 있다! 우리는 그분이 수업하는 모습을 여러 번 관찰했다. 그리고 다음과 같은 성공의 비밀을 발견했다.

☑ 줄곧 미소 짓는다.

☑ 학생들에게 믿음을 표현한다. 특히 그들이 자신을 믿기 어려워할 때일수록.

☑ 학생들의 현재 능력을 기반으로 한다, 결코 이해할 수 없는 것을 가르치지 않는다.

☑ 모든 작은 성공을 기반으로 해서 학생들과 함께하며, 결코 압박하지 않고 계속 성공을 축하한다.

☑ 배려 있고 친절하게 학생을 꾸짖는 방법을 알고 있다!

우리는 이 교사를 관찰하던 몇 번의 수업 동안, 교사가 사용한 부정적인 말을 실제로 세어보았다. 맞춰보라, 몇 번인지. 단 한 번도 없었다. 믿어도 좋다. 당연히 이 선생님 반에도 누군가를 한계로 내몰아 미치게 할 수 있는 학생들이 있었다. 하지만 이 교사는 학생들의 성공에 집중했다. "어떻게 교실에서 긍정적인 태도를 유지할 수 있었나요?"라는 질문을 받았을 때, 이 교사는 다음과 같이 답했다.

이 학생들에게는 부정적인 것에 대한 여지가
없었어요. 이 아이들이 삶에서 더 이상은 부정적인
영향을 필요로 하지 않다는 것을 누가 모르겠어요.
그래서 저 자신부터 부정적인 방식을 선택하지
않았습니다. 그렇게 해서는 좋은 결과를 초래할 수
없다는 것을 알고 있었기 때문입니다.

우리가 제시하는 전략은 정확히 위에서 언급한 교사가
한 대로 하자는 것이다. 학생의 성공을 강조하기 위해서
의도적으로 이런 방식으로 실천하고 노력해보자.

**꼭
짚어보기**

만일 학생이 성공하기를 원한다
면, 교사는 먼저 학생이 성공할 수 있는 방법을 설정하고
그 성공을 기반으로 해야 한다. 하루하루의 수업을 모든
작은 성공을 기반으로 진척시키자. 만약 성공을 강조하

기 시작하면, 학생들이 더 나아지며 빗나가지도 않는다. 머지않아 교사는 압박을 초래하는 낯선 행동을 점점 덜 보게 될 것이 분명하다!

12

열정은 열정을 낳는다

✳
✳
✳

 생각 열기

어떤 것도 열정만큼 전염성이 강한 것은 없다.

– 새뮤얼 콜리지(영국의 시인, 비평가)

성공이 성공을 낳듯 열정이 열정을 낳는다. 열정적인
사람들은 전염성이 있다. 만일 여러분이 그들과 많은 시간을 보낸다면, 그들의 열정을 따라하기란 어렵지 않다. 마찬가지로, 열정 없는 사람들 또한 전염성이 강하다. 그들과 많은 시간을 보내고 우울해지지 않기란 어렵다.

스포츠 경기를 보면서 치어리더들과 코치들을 주목하라. 열정이 결여된 사람을 거의 발견하지 못할 것이다. 관람석을 들여다보면 부모들과 친구들, 다른 관객들의 열정도 관찰할 수 있다. 운동장이나 코트를 바라보라. 그러면 선수들의 열정 역시 목격하게 될 것이다. 이제 우리 학교의 복도를 보자. 똑같은 열정이 느껴지는가? 슬프게도 수많은 학교와 교실에서 그런 열정을 느낄 수 없다.

교실 솔루션

스스로에게 물어보자. "매일 나는 학생들에게 얼마나 열정적으로 보일까?" 정직하게 답하면 아마도 "충분하지 못해"일 듯하다. 교사로서 우리는 우리의 일을 너무 심각하게 받아들이기 때문에 때로 너무 심각해 보인다. 하지만 가장 열정적인 교사들에게는

12 | 열정은 열정을 낳는다

아이들의 문제 행동이 거의 없다는 사실을 우리는 어렵지 않게 발견한다. 오해하지 말라. 훌륭한 학급운영 기술과 충분한 지식이 필요하지 않다는 의미는 아니다. 필요하다. 그러나 평균적인 교수능력을 소유한 열정적인 교사가 역량 등급이 평균 이상이지만 열정 없는 교사보다 훨씬 더 효율적이다. 어떤 교장에게든 물어보라! 아니, 어떤 학생에게든 물어보라!

수많은 훌륭한 교사가 공유하는 듯 보이는, 책에 나오는 가장 오래된 "비법"은 바로 그 교사들이 항상 행복하고 열정적으로 보인다는 점이다. 이 교사들이라고 항상 열정을 느낄까? 아니다. 그들이 항상 열정적으로 보이는가? 그렇다! 바로 그것이 전문가정신, 즉 프로페셔널리즘이라고 불리는 것이다.

간단한 1일 실험으로—여러분이 다른 사람에게 보여지는 자신의 열정의 효과를 의심하는 경우에—교실에서 열정적인 척 일을 해보라. 열정을 가지고 학생들을 맞이하고 열정적으로 그들을 가르쳐보라. 오늘이 인생에서 가장 행복한 날인 양해보라. 이내 자신의 태도에서, 학생들의 태도에서, 그리고 학생들의 행동에서 차이를 느끼게 되리라 장담한다. 사실 이 실험만으로도 당신이 매일 훨씬 더 열정적이 되기를 원하도록 하는 데 충분하다고 믿는다. 한번 시도해보라. 잃을 것은 없고 모든 것을 얻을 것이다.

꼭 짚어보기

　　　사실은 교사 자신의 열정이야말로 학생들의 열정 수준을 결정한다. 그것을 직면하자. 만일 교사가 아이들 곁에서 열정을 느낄 수 없다면, 잘못된 직업을 택한 것이다. 아이들은 이 행성에서 가장 열정적인 존재들이다! 그러니 열정적이 되자. 차이는 실로 어마어마하다!

13

이유를 깨물어라

*
*
*

생각 열기

만일 학생의 낯선 행동의 원인을 알게 된다면, 십중팔구 화는커녕 마음이 아파질 것이라는 말을 가끔 듣는다. 하지만 종종 우리는 묻지도 않은 채 스스로 좌절하고 아이들에게 벌을 준다. 그러면 아이들은 더욱 낯선 행동을 감행한다. 우리는 가장 핵심적인 사실, 즉 "왜?"라고 물으면서 그 이유를 캐묻는 일의 중요성을 잊고 있다.

어떻게든 선생님은 알아챘지

나는 집안 문제로 몸부림을 치는 중이었어

그래서 수업 중 내 마음은 배회했어

선생님은 내게 무슨 고민이 있냐고 물었지

그리고 나는 괜찮다고 말했어

그러나 어떻게든 나는 선생님이 알고 있다는 것을 알

수 있었지

선생님은 내 마음속을 알아챘어

선생님의 행동은 나를 이해하고 있다는 것을

보여주셨어

내가 이겨내기 위해 최선을 다하고 있다는 것을 알고

계셨지

선생님이 이해해주셨기 때문에

나는 결코 선생님을 잊지 못할 거야

그리고 오늘부터 제게 무엇이든 가르쳐주세요

기꺼이 그렇게 해주세요

**교실
솔루션**

　　　　　우리는 교사들과 한 가지 실험을
했다. 그리고 원인을 알기 전에 나무라지 않는 "이유 캐
묻기" 기법을 안내했다. 이 기법은 정확히 용어 그대로
를 뜻한다. 학생이 낯선 행동을 할 때, 노여움을 참고 자
제심을 유지하며 아이에게 조용히 말한다. 왜 그렇게 행
동했는가? 물론 이것을 아주 진지한 태도로, 남들 모르게
하자. 만일 아이가 "몰라요"라고 중얼거리면, 좌절하지
말고 간단하게 말하라. "음, 이 일에 관해 생각해보고 우
리 조금 나중에 이야기하자. 네게도 아마 생각할 시간이
필요한 것 같구나." 그리고 나중에 그 학생과 다시 이야
기하자. 대부분의 경우, 낯선 행동에 대한 명확한 이유가
있다는 것을 알게 될 것이다.
　실험 동안 교사들은 단순히 이유를 캐묻는 것만으로도
자신이 알게 된 사실에 놀라워했다. 그리고 대체로 알게

된 그 사실로 가슴 아파했다[이 주제에 관해『송샘의 아름다운 수업』(송형호, 에듀니티)을 참조하라──옮긴이 주].

우리가 가르치는 학생 중 일부는 자신이 해결하기에는 너무나 힘든 상황에 처해 있다. 어떠한 아이도 직면해서는 안 되는 어려운 문제들이 있다. 그러나 현실은 그렇지 않다. 그러니 교사의 역할은 가르침을 넘어, 돌보고 치유하는 데까지 이른다. 그러니 이런 돌봄의 교사들에게 감사를 보낼 뿐이다!

꼭
짚어보기

학생이 낯선 행동을 할 때는 보통 이유가 있다. 그리고 대개 낯선 행동은 자신을 도와달라는 외침이다. 교사가 그 이유를 안다면, 보다 효율적으로 도움을 주어 낯선 행동을 점차 더 나은 행동으로 바꿀 수 있다. 이유 캐묻기 기법은 행하기 쉽고 스트레스가 없는 효과적인 방법이다. 그러니 이유를 캐묻기를 습관화하자!

13 | 이유를 캐물어라

14
웃음이 반이다

✳
✳
✳

생각
열기

'웃음이 최고의 약이다'라는 속담은 사실이다. 과학 연구에 의하면, 웃음은 스트레스를 줄여주고, 혈압을 낮추며, 몸이 질병과 싸우도록 도움을 주고, 뇌에서 엔돌핀을 분비하게 한다. 웃음은 또한 우리를 세상과 긍정적인 방식으로 연결한다. 즐거운 웃음은 기분을 좋게 해주고 더 즐거운 마음 상태가 되게 한다. 그리고 더 즐거운 마음 상태에 있을 때, 뇌는 학습을 더 잘할 수 있다. 우리는 행복하다고 느낄 때, 인생에서 우리가 직면하는 문제와 스트레스에 덜 집중하게 된다.

우리에게 웃음이 널리 퍼져 있는 교실을 보여달라. 그러면 바로 그곳이 웃음 없는 교실보다 학생들이 더 예의 바르게 행동하며 배우는 교실임을 보여줄 수 있다. 유감스럽게도 너무도 많은 교실에서 웃음이 부족하다.

우리는 다섯 명의 웃음이 있는 교실 교사들과 다섯 명의 웃음 없는 교실 교사들을 인터뷰했다. 우리는 한 가지를 물었다. "선생님은 교실에서의 웃음을 어떻게 생각하시나요?" 그들의 대답은 다음과 같다.

1. "웃음은 교실에서 필수적입니다. 웃음은 우리 모두를 기분 좋게 만들고 학생들에게 교실이 안전하고 행복한 곳이라고 느끼게 해주지요."
2. "가르치는 일은 진지한 일입니다. 쉬는 시간은 웃음을 위한 시간이지만, 수업 시간은 가르침을 위한 시간입니다."
3. "만일 학생들에게 웃음을 허용한다면, 그들은 제가

가르치는 시간을 방해할 겁니다."

4. "저는 20년 이상 가르쳐왔고 학생들과 매일 웃으며 지내왔어요. 학생들은 웃을 필요가 있고, 어른들도 마찬가지입니다."

5. "만일 제가 교실에서 웃을 수 없다고 말한다면, 저는 가르치는 일을 그만두어야 할 겁니다. 저는 웃음 없는 교실은 상상할 수 없습니다. 하지만 웃음 없는 몇몇 교실이 있기는 하지요."

6. "교실에서 웃음을 허용한다는 것은 재난을 자초하는 공연한 짓입니다. 이미 진지한 환경에서도, 학생들을 계속 바쁘고 진지하게 만드는 것은 아주 어려워요."

7. "교실에서의 웃음은 학생들에게도 그렇듯이 제게도 중요합니다. 저는 웃는 것을 좋아하고, 학생들도 제가 함께 웃는 것을 좋아합니다. 그리고 일부 교사의 말씀에도 불구하고, 웃음이 훈육 문제를 초래한다는 것은 사실이 아닙니다. 제 교실에서는

예의 바르게 행동하는 똑같은 학생들이 동료
교사들의 교실에서는 행동 문제를 초래하고
있습니다. 그분들은 웃음을 허용하지 않고,
학생들은 그것에 분노하지요."

8. "저는 웃음이 더 좋을 수 있다고 생각합니다.
그러나 만일 제가 학생들이 웃는 것을 허용한다면
통제력을 잃게 될지도 모른다는 생각에
두렵습니다. 그래서 저는 진지한 쪽을 지키려고
노력합니다."

9. "저는 어떻게 몇몇 교사들이 줄곧 그렇게 심각할 수
있는지 이해가 안 됩니다. 그들은 비참하고, 그들의
학생들 또한 그렇습니다. 저는 학생들과 함께 웃는
것을 좋아합니다. 그러나 아이들은 언제 웃음이
적절하고 적절하지 않은지 압니다. 그래서 제
교실에서는 결코 웃음이 문제가 되지 않습니다."

10. "학생들은 웃음을 다루지를 못해요. 그래서 제게는
정말 선택권이 없습니다."

이 답을 보고 어느 교실이 웃음이 있고 없는지 결정하는 데 어려움이 있을까? 우리는 인터뷰 후속 조치를 위해, 교사들을 관찰하였다. 웃음이 우세한 다섯 교실에서 우리는 다음 사실을 보았다.

- ☑ 행복한 학생들
- ☑ 행복한 교사
- ☑ 배우려는 열정
- ☑ 전반적으로 훌륭한 학생 행동
- ☑ 동기가 부여된 학생들
- ☑ 동기가 부여된 교사
- ☑ 배움을 즐기는 학생들
- ☑ 가르침을 즐기는 교사
- ☑ 긍정적인 교실 분위기

반면 웃음이 없는 다섯 교실에서 우리가 관찰한 것은 다음과 같다.

- ☑ 불행한 학생들

☑ 불행한 교사

☑ 배우려는 열정의 결여

☑ 전반적으로 나쁜 학생 행동

☑ 동기가 부여되지 않은 학생들

☑ 동기가 부여되지 않은 교사

☑ 배움을 즐기지 않는 학생들

☑ 가르침을 즐기지 않는 교사

☑ 부정적인 교실 분위기

웃음에 관해 알고 있는 상식과 "웃는 환경 vs 웃지 않는 환경"에 관해 알고 있는 사실을 가지고, 이제 교실 안으로 그 지식을 들여와보자.

 **교실 솔루션**

"웃음 있는 교실 vs 웃음 없는 교실"에서 관찰한 목록을 보라. 이제 자신의 교실로 가서 얼마나 자주 본인과 학생들이 웃고 즐거워하는지 주목해

보자. 물론 학생들을 비웃거나, 학생들이 서로 비웃는 것을 용납하라는 게 아니다. 먼저 교사가 더 많이 웃고, 더 많이 미소 지으라. 약간의 아재 개그도 나누며 낙관적이고 행복하게 교실 분위기를 만들기 시작하라! 이것은 학생 행동을 향상시키기 위해 교사가 할 수 있는 가장 간단한 방법 중 하나이다.

86세의 전직 교사가 자신의 비결 중 하나를 공유했다. 이 교사는 교실에서 멋진 45년을 보냈다. "여러 해 동안 수많은 실수를 한 것을 알지만, 제가 한 가장 중요한 실천 중 하나는 매일 학생들과 함께 웃었던 일이라고 믿습니다. 저는 매일 수업 시작 때 5분의 농담 시간을 정해서 학생들과 농담을 나누었어요. 아주 확실하게 어떤 농담이 적절하고 적절하지 않은지 정했고, 결코 그것 때문에 문제가 생긴 적은 없었습니다. 돌이켜보면, 웃는다는 것이 얼마나 중요한지를 알았기 때문이지요. 그게 제 교직 생활 중에서 가장 자랑스러운 일 중 하나라고 생각합니다."

꼭
짚어보기

　　　사실 즐거운 웃음은 전투의 절반
이다. 만일 교사가 전반적으로 웃음으로 가득 찬 교실 분
위기를 만들면, 낯선 행동 문제 중 최소한 절반은 해결한
것이다! 일단 실천해보라. 판단은 그 이후에 해도 늦지
않다(교실에서 대놓고 잠자는 아이들이 늘면서 교사들은 요즘 아
이들이 무기력하다고 생각하고 싶어 한다. 그런데 어떤 아이들은
아침에 시간표를 보고 골라서 잔다고 답한다. 어떤 시간에 잠을 자
냐고 캐물었더니 평소 말수 없던 한 학생이 혼잣말처럼 "진지충?"
이라고 대답했다——옮긴이 주).

15

학생의 문제인가, 교사의 문제인가

✱
✱
✱

생각
열기

　　　　최고통 샘과 홍기쁨 샘, 두 교사가
일과 시작 전, 복도에서 이야기를 나눈다. 최고통 샘은
세 명의 학생을 두고 불평한다. 악동 병호, 게으른 나연,
심술궂은 민수. 똑같은 학생들을 가르치는 홍기쁨 샘은
조용히 있다. 그 교사는 밝은 병호, 사랑스러운 나연 그
리고 예의 바른 민수를 가르치고 있다. 이 멋진 세 학생
들이 최고통 샘이 불평하는 문제를 일으킬 수 있다는 것
조차 믿기지 않는다. 그런데 최고통 샘에 관해 알면 아마

도 홍기쁨 샘도 이해할 것이다.

왜 같은 학생들이 어떤 교사에게는 예의 바르게 행동하고, 또 다른 교사에게는 그렇게 하지 않을까? 같은 학생들이 다른 교실 혹은 수업에서는 다르게 행동한다고 알려져 있다. 사정이 이럴진대, 이를 학생의 문제라고 할 수 있을까? 교실에는 두 가지 유형의 문제가 있다. 즉, 학생의 문제와 교사의 문제이다. 대부분의 교사는 자신이 할 수 있는 한 최선을 다한다고 믿기 때문에, 교사 혹은 가르침의 문제라고 말하지 않는다. 가끔 실수로 그런 상황에서 학생을 비난하는 교사도 있다. 하지만 문제는 어떤 교사는 학생들이 더 나은 행동을 촉진할 수 있도록 실행할 수 있는 몇 가지 간단한 학습전략을 모르고 있다는 것이다.

사실 교사가 교실 안에서 다음에 관해 확신하지 못한다면, 문제가 학생 때문이라고 추정할 수 없다.

☑ 절차가 분명하다.

☑ 조직화가 분명하다.

☑ 학생들과 긍정적인 라포(rapport)가 확실하게 형성되

어 있고, 교사는 열정적으로 보인다.

☑ 학생들이 할 일 없이 무료하게 보내는 정지된 시간이
  없다.

☑ 교사는 모든 학생의 성공을 보장한다.

☑ 수업은 잘 계획되어 있고, 실생활과 관련되어 있으며,
  학생들이 적극적으로 참여한다.

☑ 모든 학생이 존중받는다

☑ 교사는 학생이 자신을 화나게 자극하는 것을 허용하지
  않는다.

목록을 살펴볼 때, 교실에 이 조건 중 하나라도 지켜지고 있는가? 만일 지켜지는 게 하나도 없다면 교사의 문제가 학생과 관련 있는지 결정하기 전에 이 조건들이 제자리에 있도록 해야 한다. 이 조건 중 한 가지 이상이 교실에서 빠져 있는 것을 여러 차례 발견하게 될 것이다.

이 목록을 가지고 교사 자신의 교수법, 교사의 행동, 그리고 교실을 정직하게 살펴보자. 교실에서 어느 조건이 빠져 있는가? 어쩌면 절차가 제대로 되어 있고 조직화되어 있으며, 교사가 긍정적이고, 시작종이 칠 때부터 끝종이 칠 때까지 시간마다 학생들을 분주하고 활기차게 만든다고 해보자. 그러나 아주 가끔은 교사가 학생의 낯선 행동에 반응할지 모른다. 우리는 교사가 낯선 행동을 "다룬다"라고 말하지 않고, 그저 "반응한다"라고 말했다. 교사는 한숨을 쉬거나, 천장을 볼지도 모른다. 말할 때 이를 악물 수도 있다. 어쩌면 평소와 달리 목에 핏줄이 돋을지도 모른다. 그림이 그려지는가? 거의 모든 교사가 때때로 학생들에게 이렇게 반응한다. 때문에, 아무도 이것을 두고 손가락질하지는 않는다. 다만 문제는 이런 유형의 교사 반응이 결코 효과가 없다는 것이다. 여태껏 말이다!

이제 교실에서 빠진 목록 중 한 가지를 선택해서 다음과 같이 해보자. 하나가 아니라 서너 가지를 발견했다 하더라도 오직 한 가지만 선택하여 하루 동안 그 문제를 다루어보자. 가령 조직화되지 않은 수업을 여지껏 했다고 해보자. 내일은 완벽하게 조직화할 수 있을까? 아니다. 보통 때보다 더 잘 조직화할 수 있는가? 그렇다. 목표는 교사가 완벽하도록 돕는 것이 아니라, 더 나아지도록 돕는 것이다(하루 1퍼센트 향상을 목표로 해도 석 달이면 90퍼센트, 0.1퍼센트를 목표로 해도 3년이면 100퍼센트가 된다─옮긴이 주). 이것이 잘된 후에는 다른 모든 조건이 제자리에 있다고 확신할 때까지 이 과정을 반복하면서 목록을 살펴보라. 이렇게 함으로써 여러분은 학생 행동이 현저하게 향상되는 것을 보게 될 것이다!

꼭
짚어보기

교사가 학생과 긍정적인 관계를 맺고 학생이 활동적으로 참여하는 성공적인 교실, 즉 잘 관리되고 조직화된 교실에서는 낯선 행동 문제가 최소한으로 나타난다. 또한 주로 학생과 연관된 문제들이다. 문제를 효과적으로 다루기 전에, 문제의 원인을 진단하는 것이 중요하다. 우리는 교실에서 문제의 원인을 밝혀내기 위한 지침을 제공해왔다. 문제가 교사(교수법)와 관련된 것이라고 결론지었다면, 문제 해결을 위해 이를 조정하라. 만일 문제가 학생과 관련 있다고 결정한다면, 학생을 다루어라. 그러나 학생의 행동을 바꾸기 위한 가장 효과적인 방법 중 하나는 교사 자신의 행동을 통제하고, 좌절감으로 반응하는 일을 피하는 것임을 기억하자(항상 가장 통제하기 쉬운 것은 자기 자신이다──옮긴이 주). 가장 훌륭한 교사의 교실에서조차도, 교사 역할과 교수법의 작은 변화가 대부분의 학생 행동 문제를 해결할 수 있다.

그 선생님은 할 수 있는데, 왜 선생님은 못하죠?

"그것에 대해서는 생각도 하지 마"라는 선생님의
말씀에
그래서 저는 생각하기를 멈췄어요
"내가 너에게 몇 번을 말해야 하니?"
저는 눈도 깜빡이지 않고 대답했어요

"50번이요"

"나한테 잘난 척하지 마" 선생님이 말씀하셔서

그래서 저는 공부하기를 멈췄어요

선생님이 제게 아무 희망이 없다고 말했을 때

제 자제심은 부서져버렸어요

그래서 선생님이 뭐라고 말하거나 행동하든

저는 공격할 거예요

그리고 선생님에게 갚아주겠어요

저는 다른 수업 시간에는 이렇지 않아요

왜인지 궁금하지 않나요?

대답은, 제 다른 선생님들은

제가 규칙을 따르게 하는 법을 안다는 거예요

그 선생님은 저를 존중해줘요

그 선생님은 제가 할 수 있다고 믿어서 저는 그렇게

해요

그 선생님은 할 수 있는데, 왜 선생님은 못하죠?

제가 실수를 했을 때조차도

그 선생님은 이해해줘요

제가 잘 행동하게 하고 제가 성공하도록 도와줘요

그 선생님의 비결은?

인내심이에요 그러니 주의를 기울여주세요!

선생님이 저를 공격하면, 제 분노가 커질 거예요

저에 대한 선생님의 믿음, 그것이 제 바람입니다

16

못 본 척하는 법을 배우라

✳
✳
✳

생각
열기

"자신의 전투를 고르고 선택하라"
라는 말은 아주 바람직하다. 특히 교실에서는 말이다.

학생은 아이들이고, 아이들은 많은 관심을 요구한다
는 사실을 고려하면, 교사는 아이들에게 어떤 관심을 언
제 주어야 할지 결정해야 한다. 학생이 자신이 원할 때면
언제든 긍정적으로나 부정적으로나 교사의 관심을 끌 수
있다는 것을 아는 순간, 아이는 곧 교사의 끊임없는 관심
을 위해 경쟁할 것이고 교사를 악기 다루듯 할 것이다!

그러므로 학생이 아니라, 여러분, 즉 교사가 통제권을 가질 필요가 있다. 그리고 교사가 실제로 학생에게 언제 어떤 종류의 관심을 줄지를 조절하기 위해, 가장 훌륭한 교사들의 비법 중 하나인, "못 본 척하기" 기법을 체득할 필요가 있다. 아시다시피 가장 훌륭한 교사들은 때때로 상황을 다루는 방법으로 무시하기를 사용하곤 한다. 그들은 어떤 경우에 가장 좋은 방법은 바로 반응하지 않기라는 것을 깨닫고 있다.

**교실
솔루션**

가끔 수업 중에 교사는 한 학생을 다루기 위해 너무도 자주 활동의 흐름을 멈춘다. 실제로 전체 수업을 멈추기도 한다. 물론 이렇게 해야만 할 때도 있다. 예를 들어 한 학생이 다른 학생을 때린다면, 교사가 수업을 멈추고 그 상황을 처리하는 것이 적절하고 필요하다. 하지만 우리는 교사가 행동 문제를 언급하기 위해 가르침을 멈추는 모든 상황 중 절반 이상이 못 본 척

16 | 못 본 척하는 법을 배우라

하고 넘어갔다면 더 나아질 수 있었다는 사실을 계속 발견한다. 여기 한 예가 있다. 만약 한 학생이 관심을 끌려는 시도로 책상에 연필을 탁탁 치고 있다면, 이것은 보통 무시할 수 있는 일이다. 만일 학생들에게 책을 꺼내라고 요청했는데 단 한 명의 학생이 꺼내지 않는다면—당신의 관심을 끌기 위한 의도로—, 교사가 이를 못 본 척하는 행동을 선택해 결국 그 학생이 책을 꺼내는 모습을 볼 수도 있다. 그러나 만일 교사가 이에 반응하고 화내면, 아이가 싸움을 되받아치기에 좋은 기회가 되고, 다음번에도 책을 꺼내지 않게 되기 쉽다. 또 다음번에도 그렇게 행동할 것이다. 또 다른 예로, 한 학생이 과제를 마쳐야 할 시간에 그림을 그리거나 끄적거린다.

때때로 가장 좋은 접근법은 활동에 참여하지 않은 아이에게 일일이 반응하는 대신, 다음과 같이 요청하는 것이다. "범준아, 컴퓨터 조작하는 걸 도와줄 수 있겠어?" 이 단순한 기법이 얼마나 효과가 있는지 알게 되면 놀랄 것이다. 핵심은, 교사는 아이가 참여하지 않고 있다는 사실을 못 본 것처럼 보이지만, 실제로 교사는 더 효과적이고 단순한 방법으로 그 행위를 다루고 있다는 점이다.

다음은 가장 유능한 교사들이 무시해버리고 넘어가는 몇 가지 학생 행동의 보기이다.

- ☑ 교사의 관심을 끌려고 내는 소음
- ☑ 구부정하게 앉은 자세
- ☑ 백일몽
- ☑ 교사를 짜증 나게 하는 속삭임
- ☑ 뭔가에 짜증 났을 때 책상 위에 책을 탁, 소리 내며 던지기
- ☑ 유쾌하지 않은 학생의 표정
- ☑ 다른 학생과 둘만 나누는 속삭임
- ☑ 다른 학생과 둘만 나누는 웃음

꼭 짚어보기

교실에서는 뭔가 잘못된 것을 열심히 찾는다면, 매번 찾아낼 수 있다. 모든 행동이 완벽하지 않을 때마다 수업을 멈춘다면, 교사는 결코 아무것도 가르치지 못할 것이다! 그러니 무시할 수 있는 것은

16 | 못 본 척하는 법을 배우라

무시하고 나머지를 다루자. 전투를 선택하는 교사의 능력이 전쟁에서 승리하게 하고, 학생의 바람직한 행동 또한 증가하게 할 것이다!

17

교사가 진땀을 흘린다면, 학생이 이긴다

✳

✳

✳

생각 열기

아이들은 아이들이다. 그들은 어린 성인이 아니다. 아이들은 때때로 짜증 내기도 한다. 이것도 전혀 새로운 소식이 아니다. 교사로 임용되었을 때 우리 모두 알고 있는 사실일 뿐이다. 하지만 우리는 학생이 단지 아이들일 뿐이고, 그것에 맞게 행동한다는 사실을 망각하는 경향이 있다. 아이들은 성장하면서 자신의 행동과 반응을 통제하는 것을 배운다. 어른이 되는 것이다. 하지만 그 과정에서 아이들은 자신을 통제하는 것이 어떤 일인지 배울, 현실의 역할 모델이 필요하다.
우리는 어른이기 때문에 그 모델을 제공해주어야 한다.
그러기 위해서 우리 교사는 아이들은 물론이고, 우리 자
신의 행동과 반응 역시 조절할 수 있어야 한다.

우리가 알게 하지 말아요

선생님, 화나실 때,

조심 또 조심하세요

선생님의 분노를 보여주지 마세요

만일 선생님이 그런다면, 우리는 알게 될 거예요

그리고 일단 우리가 알게 되면, 끝이에요

선생님 역할은 끝난 거예요

선생님은 우리 밥이 되는 거예요, 우리가 선생님에게

속하는 것이 아니라

일단 선생님이 우리 소유가 되면, 우리가 통제할

거예요

우리는 결코 하라는 대로 하지 않을 거예요

선생님을 화나게 자극하고, 의지를 시험할 거예요

우리는 결코 만족하지 못할 거예요

그러니 화가 나더라도 내색하지 마세요

만일 선생님이 그러면 우리가 알게 되니까요

일단 우리가 알면, 그게 전부예요

선생님은 끝난 거예요

선생님이 우리에게 굴복하는 거예요 우리가

선생님에게 속해버리는 게 아니라!

교실
솔루션

          단연코 교사가 하는 가장 큰 실수는 학생들이 자신을 화나게 하고 있다는 사실을 알게 하는 일이다. 즉, 교사가 자신의 감정 통제력을 잃는 일이다. 학생들은 자신이 교사를 자극하고 있다고 생각하면, 교사는 매번 지게 된다. 학생들이 교사를 자극하기 시작하면 그들을 멈출 수 없다. 그러니 기다려야 한다. 누가 그들에게 교사의 약점 버튼을 보여주었나? 바로 교사다. 교사는 화를 터뜨리기 전에 그 약점을 자각해야 한다. 학생들이 누를 수 있는 교사의 약점을 보여줄 때, 문제가 시작된다. 해결책? 해결책은 교사에게 애당초 그런 약점은 없다고 생각하도록 해야 한다.

학생이 정말로 교사를 짜증 나게 하고 인내심을 위협할 때, 어떻게 해야 할까? 차분하고 침착한 표정으로, 이성적이고 통제된 방식으로 낯선 행동을 다루자. 이것이 훌륭한 교사들이 하는 방식이다. 그들은 항상 자신을 잘 통제하는 것처럼 보인다. 그래서 학생의 행동 문제가 거의 없다. 하지만 오해는 금물이다! 훌륭한 교사도 보통의 동료 교사와 똑같은 인간이다. 하지만 그들은 학생들에게 자신의 약점을 숨기는 비결을 알고 있다. 쉬울까? 아니다. 효과적일까? 항상 그렇다.

이런 통제력은 학생이 교사에게 부적절한 질문을 하고 당혹스럽게 할 경우에도 똑같이 유효하다. 이런 일이 일어나면, 학생은 교사를 애먹이기 위해 어떤 방법이 필요한지 대체로 잘 알고 있다. 그렇다면 학생이 질문하기에 적절하지 않거나, 답하기에 적절하지 않은 질문을 할 때 어떻게 해야 할까? 간단히 이렇게 대답하자. 즉, "왜 이런 질문을 하는 거지?" 이렇게 질문에 질문으로 답하는 것이다. 여러분은 놀란 표정을 짓지도 않았고, 화난 것처럼 보이지도 않았다. 진땀이 나지도 않았다. 단순히 질문에 질문으로 답하였다. 이 방법은 매번 효과가 있다.

꼭 짚어보기

교사가 진땀을 흘리는 것을 학생이 본 순간, 교실에서의 게임이 시작된다! 학생은 교사를 더 자주 진땀 나게 하려고 뭐든지 할 것이다. 그러니 어떤 이유에서든 학생들이 교사를 개인적으로 마음 상하게 하거나 화나게 했다는 것을 알게 해서는 안 된다. 학생들에게 책임을 물을 수 있을까? 그렇다. 그러나 침착하고 차분한 방법으로 대처해야 한다. 적어도 학생들에 관한 한, 약점 버튼이 없는 훌륭한 교사 중 하나가 되자. 침착하게 차분함을 유지하자. 그리고 학생들에게 결코 통제력을 잃고 진땀 흘리는 모습을 보이지 말자!

기억해야 한다. 교사가 화가 났다는 것을 보여주어서는 안 된다는 것을. 왜냐하면 일단 교사가 화를 내면, 학생들이 알게 되고 학생들이 알게 되면 그걸로 끝이다. 최악의 경우, 아이들에게 휘둘리게 되고 교사로서도 생명이 끝난다. 아이들을 다루기가 점점 더 어려워지기 때문이다.

18

왕따 주도자를 제거하라

생각 열기

　　　　　학교에서 몹시 불량한 왕따 주도
자를 만나는 경험보다 학생에게 더 나쁜 것은 없다. 흔히
아이들은 자신이 겪는 왕따 문제를 아무 말 못한 채 괴로
워한다. 당황하거나, 왕따의 원인이 자신에게 있다고 믿
거나, 불량한 아이들의 반격을 두려워하기 때문이다. 따
라서 교사들은 교실이나 운동장에서 왕따가 일어나는지
예의 주시하면서 경계해야만 한다.

　몇몇 아이들이 다른 아이들을 괴롭히는 데는 무수히

많은 이유가 있다. 대개 누군가를 괴롭히는 아이들은 가정에서 괴롭힘을 당해본 경험이 있다. 그래서 그것은 학습된 행동이다. 그 공격성은 사실 도와달라는 외침일 경우도 있다. 어쩌면 자신의 삶에서 결여된 부분을 통해 자존감을 회복해보려는, 가끔 다른 사람을 통제함으로써 힘을 과시하려는 욕구다. 가끔 그 행동은 조직폭력배들과 관련되어 있을 수도 있다. 이유야 어찌 되었든 부적절하고 용납되어서는 안 되는 공격의 형태이다.

교사가 예리하게 알아차리면 왕따 주도자의 행동 영향력을 줄이는 데 가장 중요한 역할을 할 수 있다. 만일 왕따가 해결되지 않는다면, 나쁜 아이들이 학교의 스타처럼 되어 그들을 추종하는 세력을 키울 수 있다. 말할 필요도 없이 훈육 문제가 줄줄이 뒤따른다. 교사들은 이런 문제를 인지하고, 괴롭힌 학생과 괴롭힘당한 학생과 함께 그 문제를 해결하고, 왕따 문제를 제거하도록 도와줄 기법을 사용하여 문제의 싹을 처음부터 잘라내야 한다.

교실
솔루션

왕따 문제를 없애는 데 도움을 주는 가장 간단한 방법 중 하나는 왕따에 관해 학급 토론을 하는 것이다. 이 토론을 진행하기 가장 좋을 때는 어떤 괴롭힘 행동도 발생하기 전인, 학년초다. 이렇게 해서 교사는 이 잠재적인 문제를 다루는 전략과 지식을 학생들에게 제공할 수 있다(돌봄치유교실 카페 https://cafe.naver.com/ket21/872에 왕따를 주제로 한 영상 〈모르는 척〉이 있으니 학생들과 함께 시청하기를 권한다—옮긴이 주).

먼저 다른 사람에 의해 괴롭힘을 당하면 어떨지에 관해서 학생들과 함께 이야기하고 토론한다. 왜 어떤 사람이 다른 사람을 괴롭힌다고 생각하는가, 왜 괴롭힘당한 학생이 스스로를 비난해서는 안 되는가, 이런 사실을 주제로 토론한다. 아이들에게 잠재된 폭발적 상황을 없애는 데 도움이 되는 몇 가지 방법도 보여주자. 예를 들면, 때때로 가장 좋은 방법은 괴롭힌 학생과 거리를 두는 것이다. 또 어떨 때는 침착한 태도로 시선을 마주하는 것도 좋다. 괴롭히는 아이 앞에서 자제력을 유지하기가 항상

18 | 왕따 주도자를 제거하라

쉽지만은 않지만, 활활 타는 불에 연료를 붓는 것은 그 행동을 진화하는 데 결코 도움이 되지 않는다. 왕따가 발생하면, 괴롭힘당한 학생 또는 이를 목격한 학생이 교사에게 그 문제를 알려야 한다(이 일이 고자질로 해석되어서는 안 된다. 신고와 고자질의 차이에 관해서는 학습지를 이용한다. 돌봄치유교실 카페 https://cafe.naver.com/ket21/9321을 참고하라—옮긴이 주). 이때 교사는 상담교사, 관리자, 또는 보호자가 관여해야 할지를 결정할 수 있다.

만일 왕따 문제를 다루지 않는다면 그것은 종종 더 악화될 것이란 사실을 토론한다. 그러므로 폭력 문제가 시작되자마자 이 문제를 다루기 위해 노력하는 것이 최상이다. 왕따 다루는 법에 관해 배울 때, 모든 연령대 학생들과의 역할극 활동이 유용한 도구이다. 종종 상담교사가 참여하여 토론과 활동을 촉진할 수 있다.

본질적으로, 교사가 하는 일은 전면에 그 주제를 꺼내어, 이것은 모두의 문제가 될 수 있다는 것, 괴롭힘당한 학생이 자신의 감정과 경험 속에 머물지 않고 혼자가 아니라는 사실을 알도록 도와주는 것이다. 이런 형태의 토론을 통해서 학생들도 모두 한두 번 학교폭력을 경험해

본 적이 있다는 사실을 알게 된다.

만일 한 학생이 다른 학생을 괴롭히고 있을 때, 갑자기 교사가 학급회의를 열어 그것을 토론하라는 의미는 아니다. 그런 경우엔 교사가 괴롭힌 학생과 괴롭힘당한 학생을 둘 다 따로 불러 이야기하라고 제안하고 싶다. 물론 괴롭힌 학생의 행동 원인을 알아내려고 노력하고, 그 아이에게 자신의 감정을 처리하는 더 적절한 방법을 알려 주면서 그 아이가 자기 행동의 잘못을 알아차리게 해야 한다. 앞에서 언급했듯이, 때때로 교장, 교감, 학부모, 상담교사에게 이 문제를 효과적으로 처리하는 일을 돕도록 협조를 구해야 한다.

한편 괴롭힘당한 학생도 분리해서 남들이 모르게 개인적으로 다루어야 한다. 항상 개인적으로! 우리는 교사가 학교폭력 발생 후 사안이 심화되어서야 이 문제에 뛰어들어 처리하려고 애쓰는 경우를 수없이 목격하고 있다. 이제는 문제 발생 이전에 이러한 폭력 문제가 발생할 가능성을 미리 제대로 다루어야 할 때이다.

18 | 왕따 주도자를 제거하라

**꼭
짚어보기**

학교폭력을 다루는 신속한 해결법이 있다고 제안하는 것은 아니다. 하지만 교사들이 다음과 같이 함으로써 학생의 공격적인 행동을 없애는 일을 도울 수 있다.

- ☑ 문제가 발생하기 전에 문제에 관해 토론한다.
- ☑ 학교폭력의 예상 가능한 피해자를 위해 사전에 방법을 제공하자.
- ☑ 학교폭력에 해당하는 행동 발견 시, 즉시 알리고 처리하자.
- ☑ 괴롭힘당한 학생은 종종 스스로를 비난하기 때문에, 반드시 자신의 잘못이 아니라는 점을 알도록 돕는다.
- ☑ 일단 폭력이 발생했을 경우, 괴롭힌 학생이 그렇게 행동한 원인을 밝히려고 노력하고, 적절하고 비공격적인 태도로 자신의 감정을 처리할 수 있도록 돕자.
- ☑ 적당한 시기에 학교 상담교사, 관리자, 보호자의 도움을 요청하자.

☑ 괴롭힌 학생과 괴롭힘당한 학생을 따로 면담하자.

☑ 학생들에게 만일 학교폭력을 목격한다면 반드시 알려야 한다고 이해시킨다.

☑ 모든 아이들을 교사의 관심을 통해 보호할 수 있도록 지속적으로 관심을 기울이자.

괴롭히는 아이가 더 이상 힘을 쓰지 못할 때, 훈육 문제는 곧 줄어든다!

19

개인적인 면담이 더 효과적이다

✳
✳
✳

생각
열기

수업 중 부적절한 행동을 할 때, 학생은 보통 교사가 어떤 식으로든 반응하리라 예상한다. 아이는 관객인 급우들을 의식하며 공연하기도 한다. 만일 관객이 보는 앞에서 아이를 다루려 한다면, 행동은 좀처럼 개선되지 않는다. 사실 더 악화된다. 하지만 학생들 중 가장 힘든 학생이라도 교사가 개인적으로 직접 대면하여 다룬다면, 어려운 점이 대부분 사라진다. 부적절한 행동 습관을 가진 학생(모든 연령의)을 공략하는 가장 좋은 방법 중 하나는 다음 전략을 사용하는 것이다.

**교실
솔루션**

그 학생에게 개인적으로 말하자. 예를 들면 이렇다. "네가 말하기 전에 손을 들기로 약속한 우리의 절차를 기억하는 데 어려움이 있는 거 알아. 그걸 잊어버렸다고 해서 너 자신에게 너무 심하게 하지 마. 선생님은 어른인데도 종종 여러 가지를 잊어버린단다. 그렇지만 친구들 앞에서 그렇게 자주 잊어버리면 퍽 당황스럽겠지? 자, 너를 위해 뭔가 하려는 게 있어. 지금 고맙다고 할 필요는 없단다. 대신 오늘 시간을 줄 테니 그 절차를 정말로 잘할 수 있도록 연습해보렴. 그러면 그렇게 자주 잊어버리지는 않을 거야. 선생님이 너를 위해 뭔가 할 수 있어서 기쁘구나. 쉬는 시간에 보자." 바로 이것이다.

교사는 필히 학생이 그저 말하기 전에 손드는 것을 잊어버렸다고 생각하는 척해야 한다. 분명히 아이가 의도적으로 절차를 무시하려고 한 것은 아닐 거라고 말이다. 핵심은 교사가 절대로 빈정대지 않고, 학생에게 아이를 돕기 위해 선생님의 귀중한 시간을 기꺼이 내줄 의사가 있다고 차분히 말하는 것이다. 이해되는가? 교사가 아이의 휴식 시간을 뺏은 것이 아니라, 오히려 교사가 아이에게 자신의 휴식 시간을 할애해준 것임을!

그래서 그 학생이 휴식 시간에 오면, "와줘서 고마워. 좋아, 이제 우리가 수업 중이고 선생님에게 하고 싶은 말이 있다고 가정해보자. 네가 해야 할 행동을 내게 보여줄래?"라고 요청해보자. 학생은 천천히 손을 든다. "훌륭하구나! 15분 동안 연습할 시간을 더 줄게. 연습이 더 필요하다고 생각해, 아니면 지금 된 것 같아?" 학생은 항상 이렇게 말한다. "이제 된 것 같아요." 그러면 이렇게 말하자. "좋아. 내일 보자. 아, 만일 내일 또 잊어버린다면, 그건 선생님 잘못이야. 순전히 너에게 충분한 연습 시간을 주지 않아서거든. 만일 필요하다면 너를 위해 방과후에 남을 수도 있단다. 내게 알려주렴."

이 기법은 1분도 채 걸리지 않는다는 것에 주목하자. 따라서 교사 역시 자신의 휴식 시간을 빼앗기지 않는다는 건 희소식이 아닐 수 없다. 만일 휴식 시간이 적은 학교라면, 이 기법을 수업 시간 사이, 또는 별도 시간에, 아니면 점심 시간에 사용할 수 있다.

그 학생이 수업에 다시 들어올 때, 꼭 고맙다고 말하자. 그러나 만일 문제가 만성적으로 발생한다면, 간단히 한 번 더 쉬는 시간 연습 기회를 더 갖자. 사실 거의 모든 종류의 문제 행동에 대해서 이 전략을 사용할 수 있다.

마지막으로 한 가지 주목할 것은 몇몇 교사들이 한 "음, 만일 그 학생이 휴식 시간에 안 나타난다면 어쩌죠?"라는 질문이다. 우리의 대답은 간단하다. 아이를 찾아가서 이렇게 말하자. "아, 너와 내가 연습 시간을 갖기로 한 걸 분명 잊어버린 게 틀림없구나. 가자."

이때 교사는 얼굴에 미소를 띠고 있어야 한다(같은 의미에서 교사연수에서 "교사는 착하면 안 된다. 영악해야 한다"라고 말씀드리면 많은 교사들이 크게 공감한다—옮긴이 주).

개인적인 연습 시간 전략은 놀라운 결과를 낳는 단순한 전략이다. 학생과의 이런 개인적인 면담이 효과 없다고 말하는 교사가 있다면, 분명히 결코 그것을 시도해본 적이 없는 경우다. 연습만이 완벽함을 만든다. 그러니 연습, 연습, 또 연습시키자. 그러면 행동이 개선되고, 개선되고, 또 개선된다는 것을 확인하게 될 것이다!

20

정말로 부드럽게 말하라

∗
∗
∗

생각
열기

크게 말하면 말할수록, 다른 사람
들이 듣지 않는다는 사실을 고려해보라. 큰 목소리는 들
으려는 뇌의 욕구와 충돌하는 경향이 있다(큰 소리를 들으
면 얼굴을 찡그리고 외면하게 되지 않는가―옮긴이 주). 교실에
서도 다르지 않다. 우리는 종종 훌륭한 교사들의 교실에
서, 그들의 목소리가 어루만지듯이 차분하고 상냥하다는
것에 주목하게 된다. 바로 사람이 부드럽게 말할 때, 다
른 사람들이 그가 말하려는 것을 더 중요하다고 느낀다

는 것을 알기 때문이다. 반면에 덜 효율적인 교사의 목소리는 훨씬 더 커지는 경향이 있다는 점도 눈에 띈다. 부드러운 목소리가 보살핌을 표현하는 경향이 있다면, 큰 목소리는 공격과 불안을 나타낸다. 이는 결코 큰 목소리가 필요하지 않다는 의미가 아니다. 만일 교사가 운동장에서 경기 코치를 하는 중이라면, 선수들이 교사의 목소리를 듣도록 분명히 목소리를 높일 필요가 있다. 만일 어떤 아이가 움직이는 버스 앞으로 막 뛰어가려 한다면, 교사는 가능한 한 크게 소리 질러야 한다! 그러나 교실 안에서 교사의 목소리는 조용하고 차분할 때가 제일 좋고 가장 영향력이 있다.

다음 시나리오를 생각해보자. 한 학생이 다른 급우를 향해 분노를 터뜨리고 있다. 대립은 가속화되고 그 학생의 분노는 커진다. 그의 목소리는 점점 더 커진다. 이때 목소리 큰 교사 한 명이 들어온다. 교사는 학생을 향해 멈추고 진정하라고 소리 지르기 시작한다. 그러나 교사의 어떤 행동도 대립을 종결하는 데 도움이 되지 않는다. 그 교사는 실제로는 불꽃에 기름을 끼얹은 것이다. 결코 효과가 없다. 실제로는 조용하고 전문적인 접근법이 화난 학생을 진정시키는 유일한 방법이다. 학생의 목소리가 크면 클수록, 교사는 점점 더 부드러워져야 한다. 이는 성인에게도 효과가 있다. 불은 연료를 필요로 한다. 불을 키우지 마라!

교실
솔루션

교실에서 교사가 자신의 목소리 크기를 측정하는 가장 좋은 방법은 제 소리를 듣기 시작하는 것이다. 자신의 목소리가 큰지 아닌지 관찰하자. 만일 필요하다면, 목소리 크기에 관해 피드백을 받을 수 있도록 교실 뒤쪽에 동료 교사들더러 단지 몇 분 동안이라도 앉아 있어 달라고 하자. 실제로 목소리가 어떻게 들리는지 듣기 위해서 자신의 목소리를 휴대폰 녹음 기능으로 녹음하거나 영상으로 녹화해볼 수도 있다. 핵심은 조용하고 유쾌한 수준의 크기를 발견하는 것이다. 교사가 어디에 서 있든 상관없이 교실 안 모든 아이들이 충분히 들을 수 있는 크기를 찾는 것이다.

훌륭한 교사들이 하는 또 다른 일은 말하는 동안 몸을 앞으로 기울이는 경향이 있다는 점이다. 이 보디랭귀지는 중요한 할 말이 있다는 표현이다. 그러나 그들은 열정의 수준은 낮추지 않는다. 그저 조용하고 부드러운 목소리로 가르침에 대한 열정과 배움을 위한 열정을 표현할 뿐이다.

걸핏하면 교사와 대립하는 학생을 직면했을 때, 훌륭한 교사는 우선 차분함을 유지한다. 학생을 향해 소리 지르기보다는 진지하지만 부드럽게 말한다. 그 학생에게 진정하기 위한 시간을 주고, 차분해지면 조용히 대화를 나눈다.

꼭
짚어보기

부드러운 목소리는 조용한 태도를 보여준다. 침착한 태도는 전염성이 강하다. 차분한 환경은 학생의 좋은 행동에 도움이 되는 환경이다. 그러니 정말로 부드럽게 말하자!

선생님의 차분한 목소리

나는 짜증이 났어—흥분해 소리 지르고 비명을
질렀어
선생님은 침착하게 내게서 멀어져갔지
선생님은 떠났고, 그걸로 끝났지
나는 선생님이 곧바로 소리 지르기를
그리고 내 분노를 돋우기를 원했어
선생님이 선생님이라는 것을 잊고
아이들처럼 행동하도록 하기를 원했어
그러나 선생님은 오히려 당황해 하지도 않았어
아니면 적어도 분노를 드러내지는 않았지
나는 선생님을 혼란케 하고 싶었어
그러나 선생님이 이겼고 나는 졌어
아마도 선생님은 이미 알고 있겠지
선생님이 보여준 자제력 때문에
선생님의 차분한 목소리 안에 있는 가르침이
내가 더 나은 선택을 하도록 도울 것을

21

작은 단위의 학습으로
동기를 자극하라

✳
✳
✳

**생각
열기**

어떤 과제에 직면했을 때, 보통 한 번에 한 단계씩 일을 추진하면 더 많이 성취할 수 있다. 어떤 과제든, 그 일의 마지막 결과만 본다면 바로 압도당할 수 있다. 하지만 한 번에 작게 한 단계씩만 본다면, 그 일은 훨씬 더 만만하게 보일 수 있다(39장 '실행하고 소화할 수 있게 가르쳐라'를 참조하라). 예를 들어, 친구 생일파티를 주최한다고 하자. 가뜩이나 벅찬 어깨 위에 앞으로의 모든 임무들까지 한꺼번에 올려놓는다면, 금세 부담감을 느끼고 압도당할 것이다. 이런 식으로 느끼면 어떤 것도 성취하기 어렵다. 하지만 친구의 생일파티를 준비하는 데 한 달이라는 시간이 있음을 깨닫는다면, 그리고 해야 할 일을 날짜 단위의 작은 단계로 계획을 세운다면, 그 일이 만만하게 보일 뿐 아니라 실제로 즐기면서 잘될 거라는 강한 확신을 가질 수 있다!(준비는 설렘을 낳고, 설렘이 쌓이면 두려움이 극복된다는 것을 명심하자─옮긴이 주) 500조각짜리 직소퍼즐을 어떻게 짜맞추는가? 한 번에 한 조각씩 놓는다. 책 한 권을 어떻게 다 읽는가? 하루에 한 쪽씩 읽는다. 커다란 그릇에 담긴 수박 화채는 어떻게 다 먹을까? 한 번에 한 입씩 맛있게 먹으면 어느덧 다 먹는다!

어떻게 학생들에게 성취감을 맛보게 할 수 있는가? 가르쳐야 할 모든 것을 성취할 만한 작은 단계로 나누어 한 번에 한 가지씩 제공하면 가능하다.

교실 솔루션

학생들이 '나에 관한 모든 것' 프

21 | 작은 단위의 학습으로 동기를 자극하라

로젝트 과제를 완성해야 한다고 가정해보자. 이 프로젝트에는 이야기, 사진, 공예품 등 교사가 구성한 특정 형식의 예시가 갖춰져 있어야 한다. 프로젝트를 완료하는데는 시간이 걸리고, 그래서 학생들에게 한 달이란 준비 기간을 줄 것이다.

ㄱ교사는 월요일 아침 일찍 아이들에게 상당히 많은 양의 정보를 준다. 아이들에게 '나에 관한 모든 것' 프로젝트를 완성하는 데 한 달 기간이 있다고 말하고, 프로젝트에 수반할 모든 것을 말해준다. 처음에 아이들은 호기심을 보이다가 교사가 4쪽 분량의 설명을 해나가는 동안 곧 흥미를 잃는다. 몇몇 아이들은 "뭐라고? 내가 이걸 다 해야 한다고? 말도 안 돼!" 말하듯이 서로를 바라본다. 교사가 긴 설명을 다 마칠 때쯤, 아이들은 모두 압도된 듯하다. 처음에 프로젝트에 느꼈던 입맛은 사라졌다. 더이상 이 음식을 좋아하지 않고, 먹으려고도 하지 않는다. 그런데다가 완성된 결과물이 어떤 모습일지 예시를 보여주지도 않는다! 그다음에 교사는 질문 시간을 주지만, 곧 엄연한 현실을 마주한다. 교사는 눈에 띄게 좌절한다. 아이들도 사정은 마찬가지다. 학생들에게 유일한 희소식은

완성 기간이 한 달 있다는 것뿐. 당연히 많은 아이들이 프로젝트 마감 마지막 주, 심지어 마지막 날 밤까지 기다렸다가 과제를 시작한다. 학부모는 화가 나고, 아이들도 화가 나고, 교사도 프로젝트가 완성되지 않아서 화가 난다. 성적은 나쁘게 나온다. 이야기의 남은 부분이 어떨지 뻔하지 않은가.

ㄴ교사는 월요일 아침에 아이들에게 "다음에 우리가 어떤 일을 할지 알면 무척 흥미로울 거야"라는 말로 인사한다. ㄴ교사는 작년에 자신에게 배웠던 학생에게 '나에 관한 모든 것'이란 제목이 붙은 아름답고 화려한 프로젝트 포스터를 들고 교실로 들어오게 한다. 그 아이는 아이들에게 바로 이 교실에서 작년에 자기가 만든 프로젝트의 모든 것을 알려주겠다고 말한다. 자기 자신, 가족, 자신의 관심사, 심지어 작년에 놀이공원 갔을 때의 재미난 이야기까지 한다. 그의 설명이 끝나면 아이들은 박수를 친다. 교사가 아이들의 입맛을 돋우는 데 성공한 것이다! 그다음 교사는 아이들에게 좀 더 가까이 오라고 해서 한번에 몇 명씩 이 프로젝트의 결과물을 볼 수 있게 해준다.

그러는 동안 교사는 돌아다니면서 학생들 책상마다 한

21 | 작은 단위의 학습으로 동기를 자극하라

쪽 분량의 설명서를 놓는다. 작년 학생에게 한 차례 마지막 박수로 감사를 표한 후, 교사는 아이들에게 한 번에 한 단계씩 자신의 안내에 따라 모두가 이 과제를 하게 될 것이라고 말한다. 아무도 불평하지 않는다. 사실 모두 매우 신이 나 보인다. 학생들은 지금 더 먹고 싶고, 배고프다. 교사는 학생들에게 한 번에 아주 작은 한 조각만 먹이면서 계속 안내한다.

프로젝트 과정에서 아이들에게 선택권을 주는 것도 중요하다. 모든 아이가 시인은 아니기에 자신의 경험에 관해 모두 시를 쓰리라고 기대해서는 곤란하다. 시쓰기는 프로젝트의 특정한 한 단계를 위한 세 가지 선택 활동 중 하나다. 교사는 프로젝트 단계마다 선택권을 부여해, 아이들의 개인차에 맞게 진행하도록 계획한다.

ㄱ교사의 지도지침에서는 이런 선택권이 주어지지 않았다. 그달 말에 ㄴ교사의 반에서는 모든 학생들의 프로젝트가 완성되고, 따라서 모든 아이들이 합격점을 받게 된다. 어떤 아이들은 작년 학생이 그랬던 것처럼, 다음연도 프로젝트 반에서 자신의 프로젝트를 소개하는 사람으로 뽑히기를 희망한다.

뒤에 나올 36장 '시작종에서 끝종까지 가르쳐라'에서는 몇몇 아이들에게는, 심지어 작은 조각으로 주어도 성취할 수 없는 과제들이 있다는 사실에 관해서도 다루겠다.

꼭

짚어보기

작은 단계로 나누어 가르치면 학습욕구를 더 느끼게 한다는 것은 사실이다. 건강하지 못한 아이에게는 100미터를 가볍게 뛰는 것이 1킬로미터를 달리는 것보다 당연히 더 쉽다. 100미터가 너무 길다면, 50미터 달리기로 시작해도 좋다. 상황이 어떻든, 아이가 한 번에 조금씩 달리기 시작하기만 한다면 결국 결승선에 도달한다. 비록 가장 빨리 뛰어서 트로피를 받지는 못하더라도, 아이는 그 일을 해낼 수 있다. 교실 속 아이들에게도 마찬가지다. 훌륭한 요리사처럼, 훌륭한 선생님은 다음 코스로 이끌기 전에 코스마다 음미하고 즐길 수 있는 학습거리를 여러 코스로 제공한다. 잘 먹이자. 그러면 언제나 학생들은 더 먹고 싶어서 돌아온다!

22

"딱 걸렸어"란 말을 아껴라

*
  *
*

생각 열기

교사는 교실에서 마주하는 것 이상을 보려는 경향이 있다. 다시 말하자면, 교사는 교사가 맞닥뜨리는 것 이상을 관찰할 수 있다. 사실 훌륭한 교사의 교실에는 끊임없는 격려가 있을 뿐, 낙담이 매우 드물다. 유능한 교사들은 항상 바람직한 행동을 하는 학생들에게 "주목"한다. 그래서 낯선 행동을 하는 학생들을 낙심하게 만든다. 훌륭한 교사는 교실에서 무시해야 할 것과 주목해야 할 것이 무엇인지 알고 있다.

우리는 학생의 좋은 행동에 주목하는 기술을 가진 한 훌륭한 교사를 관찰했다. 이 교사는 이렇게 말했다. "항상 학생들의 좋은 행동에 주목하기 위해 '딱 걸렸어'라고 지적하는 일을 멀리합니다." 그리고 학생들의 주의를 끌기 위해 시행한 절차 하나를 소개했다.

첫 번째 시도에서 몇몇 학생이 교사의 절차를 따르지 않았을 때, 그 학생들을 주목하는 대신 "와! 거의 모든 사람들이 첫 단계 과제를 제대로 했네. 너희들, 놀랍다!" 하고 말했다. 그리고 두 번째도 또 그렇게 했다. 절차를 잘 이행하는 학생들을 칭찬하면서 같은 말을 했다. 세 번째 단계에서는 한 학생을 제외한 모든 학생들이 그 절차를 따랐다. 교사는 절차를 따르지 않는 아이를 못 본 척하고 계속 나아갔다. 그 학생을 못 본 척하기로 한 교사의 선택은 매우 효과적인 전략이었다. 아니나 다를까, 그 학생은 교사를 자극하고 싶어 했다. 그는 선생님이 자신이 절차를 따르지 않고 있다는 것을 알아차리기 원했다. 물론 교사는 이미 아이가 그런 게임을 하리라는 걸 미리 알고 있었지만 그 학생에게 그런 만족감을 주지 않은 것이다! 이것은 교사가 다른 학생을 때리는 학생을 모른 척하는 것과는 성격이 다르다. 그런 무시는 당연히 현명하지 않은 일이다.

우리는 수업 내내 이 교사가 학생들이 절차를 잘 따르고, 잘 집중하고, 활동에 적절히 잘 참여하도록 혼신의 노력을 기울이는 사실을 계속 주목할 수 있었다. 이 교사가 의도적으로 모른 척한 낯선 행동은 미미한 것이었다. 이 교사는 오로지 바람직한 행동 외에는 눈이 멀었다(그게 아니라면 적어도 아이들은 그렇게 생각했다). 그래서 그 교실은 모범생으로 가득 차 있었다(아이들에게 "선생님은 너희들의 바람직한 행동을 관찰해 생활기록부에 적기에도 시간이 부족해서 찌질한 행동에는 관심을 기울일 시간이 없다"라고 아예 선언해둔다—옮긴이 주).

이 교사는 자신이 싸워야 할 전투를 선택하는 데 매우 신중하다고 말하긴 했지만, 물론 낯선 행동을 다룰 때도 있다고 했다. 하지만 낯선 행동을 하는 학생을 다룰 때는 언제나 아이와 개인적인 면담 등을 통해 처리한다고 설명했다.

너무도 많은 경우에, 교사들이 바람직하지 못한 행동을 하는 학생들에게 "너, 딱 걸렸어"라고 지적하고는 지도하는 모습을 본다. 이런 부류의 교사들을 관찰하면서, 우리는 다음과 같은 "딱 걸렸어" 순간을 관찰했다.

☑ 소리 내어 읽기 연습 중에 집중하지 않는 학생을 교사가 일부러 지적했다. 그 학생이 어디서부터 책을 읽어야 할지 몰라 말을 잇지 못하자, "거봐, 네가 어떻게 알 수 있겠어? 내내 딴짓하고 있었잖아!" 말했다.

☑ 교사가 학생들이 학습지를 완성하는 동안 한 학생이 다른 학생에게 속닥거리는 것을 발견했다. 교사는 "선생님이 학습지 완성하면서 이야기하라고 했어?" 하고, 반 전체가 다 들을 정도로 크게 말했다.

☑ 교사가 숙제를 걷는 동안, 한 학생만 제외하고 모든 학생들이 숙제를 해왔다는 것을 알게 됐다. 교사는 해야 할 일을 제대로 한 학생들에게는 거의 신경 쓰지 않고, 숙제를 안 해온 한 학생을 콕 짚어 반 전체 앞에서 꾸짖었다.

☑ 앞서 말한 학습지 답을 질문을 통해 확인하는 동안, 교사는 틀린 답을 한 학생을 향해 "아까 이 문제에 관해 얘기할 때, 넌 어디 있었어?"라고 말했다.

위의 교사는 확실히 학생의 낯선 행동에 대해 "딱 걸렸어"라고 지적하기를 아끼는 기술을 알지 못했다. 사실 우리가 관찰하는 동안, 그 교사는 좋은 행동을 하는 학생들을 단 한 명도 주목하지 못하고, 그저 잘못된 행동을 보인 학생과 집요한 싸움을 계속하고 있었다.

교실 솔루션

전략은 간단하다. 어느 하루 동안, 바르게 행동하는 학생만을 위해 의도적으로 "딱 걸렸어"를 사용하라. 그냥 모른 척할 수 없는 낯선 행동이 발생한다면 개인적으로 다루어라. 대신 온종일 아이들의 올바른 행동을 알아주고 친절한 행동이나 최선을 다하는 노력 등에 대해 고마움을 표현하기 위해 혼신의 노력을 다해보라. 이렇게 하면 할수록 얼마나 이 방법이 효과적인지 깨닫게 될 것이다. 이 전략을 매일의 습관처럼 이용하기를 희망한다! 만약 여러분이 평소에 좋은 행동을 잘 알아차리고 칭찬하는 교사라면, 더 많이 그렇게 하도록 노력하라. 교사의 칭찬이 진실하고 적절하다면, 아무리 많이 해도 과하지 않다.

꼭 짚어보기

바람직한 행동을 장려하기 위해서라도 아이의 낯선 행동을 보고 "딱 걸렸어"라는 지적을 아끼자. 그러면 오히려 아이들의 더 나은 행동을 조성할 수 있다. 사람은 누구나 자기가 잘한 일에 주목해주기를 바란다. 잘못에 대한 질책은 아껴두자. 꼭 필요할 때, 개인적인 장소와 시간에 하자. 잘못된 행동에 관해서 반드시 말해야 할 때도, 결코 "딱 걸렸어" 같은 지적이나 꾸짖음의 방식으로 행해져서는 안 된다. 이 주제는 23장 '빛나는 점과 보완할 점을 찾아라'에서 더 자세히 다룰 것이다. 거기서 무엇에 집중하고, 무엇을 보완할지 살펴보기로 하자.

23

빛나는 점과 보완할 점을 찾아라

✳
✳
✳

생각 열기

　　한 강연자가 청중 앞에서 강의실 안을 둘러보고 파란색으로 된 것은 모두 찾아보라고 했다. 그는 30초의 시간을 주었다. 그리고 눈을 감게 한 다음, 강의실에 있는 것 중 흰색은 무엇이든 생각나는 대로 가능한 한 많이 기억해내라고 말했다. 대부분의 청중은 흰색을 단 한 가지도 생각하지 못했다. 실제로 강의실에는 파란색보다 흰색이 훨씬 더 많았지만, 대부분은 흰색을 전혀 기억하지 못했다. 사실 그들 중 몇몇은 흰색 옷을 입고 있었는데도. 파란색 물체를 찾는 데 너무나 열중하다 보니 흰색 물체가 있다는 사실을 전혀 알아채지 못했던 것이다.

여기서 우리는 무슨 교훈을 얻을 수 있는가? 인생이란 무엇을 주목하는가에 달려 있다. 그것은 교실에서도 마찬가지다. 만약 교사가 학생의 낯선 행동과 부정적인 부분에 주목한다면, 앞으로도 계속 그런 것만 보게 될 것이다. 만약 교사가 교실에서 진행되고 있는 모든 좋은 일—모든 교실에서는 수많은 좋은 일 또한 진행되고 있다—에 주목한다면, 그것은 모든 학생을 위한 주목이 된다.

 교실
솔루션

우선, 가르치는 학급 중 하나를 선택해서 그 수업에 참여하는 모든 학생들에게서 한 가지씩 빛나는 점과 (또는) 보완할 점을 찾아내도록 노력하자. 혹시 잊어버릴 경우를 대비해 적어두자. 그런 다음 그것을 그 학생에게 콕 집어 알려주자(3월 학부모총회 때 학부모들에게 돌아가며 자녀의 장점과 보완점 한 가지를 말씀하라고 해 기록해두고, 다음 학부모총회 때 이를 기초로 아이가 어떤 변화를 보였는지 이야기를 나누는 것도 좋다―옮긴이 주). 예를 들어, 어떤 학생에게 교사는 이렇게 말할 수 있다. "너는 항상 웃는 얼굴을 하고 있구나. 선생님이 기분이 별로 안 좋은 날에는 언제나 네 미소를 생각하면서 기운을 차리게 된단다." 또 다른 학생에게도 이렇게 말할 수 있다. "선생님은 네가 그 과제를 이해하려고 얼마나 자주 애를 쓰는지 알고 있단다. 너는 결코 포기하지 않는구나. 우리 모두 힘든 일을 가끔씩 만나게 되는데, 많은 사람들이 너무나 쉽게 포기해버리지. 너는 포기하지 않으니 훌륭하구나! 훌륭한 사람의 자질을 갖추고 있어. 나는 네가 네 인생에서 훌륭한 일을 해낼 거라고 생각한단다." 때로는 "선생님을 위해 문을 잡아줘서 정말 고마워"라고 말하는 것처럼 단순한 내용이 될 수도 있다. 요컨대 모든 학생들에게서 빛나는 점과 보완할 점을 주목하는 데서 시작하자. 한 학급부터 시작하자. 여러 학급을 가르치고 있다면 학생들 모두에게 이런 좋은 응원 방식을 퍼뜨려라!

그러니 교실에서 이 전략을 사용할 때의 단점은 무엇

일까? 없다. 우리는 좋은 것에 주목함으로써, 좋은 것을 더 많이 보게 된다.

꼭 짚어보기

우리는 교사로서 문제를 발견하고 고치도록 훈련받았다. 이 때문에 때로 주변에서 일어나는 모든 좋은 일을 바라보는 데 실패한다. 잘못된 행동을 발견하는 데 너무 능숙해서 때때로 잘못된 일에 과도하게 주목한다. 낯선 행동을 하는 학생들은 잘 발견하면서, 그들의 바람직한 행동은 종종 지나친다. 그러니 그 패턴을 바꿔서 모든 학생들에게서 빛나는 점과 보완할 점에 초점을 맞춰라. 좋은 것을 주목함으로써 낯선 행동을 하는 학생이 줄어들고, 때로는 그런 학생이 하나도 없게 된다. 더 좋은 것은, 교사의 이런 행동은 잘못된 것에 주목하던 학생들이 반대로 바람직한 것을 주목하기 시작하도록 돕는다. 동료 교사들이여, 그것은 거의 마술처럼 매번 더 나은 행동을 촉진한다! 자, 아브라카다브라, 주목할 대상을 바꾸자. 한 번뿐인 인생, 이것이야말로 인생을 보는 멋진 선택 아닌가!

24

감사 행렬에 참여하라

※
※

※

생각 열기

　　　　　칭찬은 우리가 주고받을 수 있는
가장 값진 선물 중 하나다. 그리고 칭찬의 가장 좋은 점
중 하나는 누군가를 칭찬할 때마다 적어도 두 사람은 기
분이 더 좋아진다는 점이다. 바로 칭찬받은 사람과 칭찬
한 사람! 만약 여러분이 다이어트 중이라면, 무엇이 다이
어트를 계속하게 만들까? 누군가가 상당히 좋아 보인다
고 말하거나 멋져 보일 때라고 여러분에게 말하는 순간
이 아닐까? 칭찬은 누군가가 자신의 노력을 알아차리고

인정한다는 사실이다. 바로 이것이 우리가 더 고마워하고 계속 다이어트를 하도록 동기를 부여한다.

영향력 있는 교사들은 매일 학생들에게 동기를 부여하고 좋은 행동을 향상시키는 데 이와 똑같은 접근법을 사용한다. 영향력 있는 교사들은 자신이 주목하고 인식하는 그 행동이 항상 반복되는 행동이 되리라는 사실을 안다. 이들은 공개적으로 어떤 학생들을 칭찬할 수 있고, 이런 칭찬에 어떤 학생들이 당황하게 될지도 안다. 그래서 굳이 이름을 밝히지 않지만 공개적으로 칭찬한다. 예를 들어 "준영아, 조용히 해줘서 고마워" 하면서 한 학생을 호명하기보다는, "학급 여러분, 조용히 해줘서 고맙구나"와 같은 방법을 대안으로 사용한다. 이런 방법으로는 아마도 준영이를 포함해서 조용히 한 모든 학생이 교사가 자신에 대해 말하고 있다고 생각할 것이다. 그리고 조용히 하지 않았던 다른 학생들에게도 교실에서 해야 할 적절한 행동에 관해 상기시키는 역할을 한다.

**교실
솔루션**

학생을 칭찬하는 가장 간단한 방법 중 하나는 학생의 행동이 칭찬받을 가치가 있다는 것을 알아차리고 "고마워"라고 말하는 것이다. 이것은 교사가 좋은 행동을 알아차렸다는 것을 보여주고, 그 좋은 행동을 고맙게 여긴다고 말하면서, 그 학생의 행동을 소중하게 여겨서 결론적으로 그 학생을 좋은 학생으로 생각한다는 것까지, 긴 과정을 표현하는 간단한 말이다. 교사에게 좋게 평가받는다고 느끼는 학생들은 더 나은 행동을 하는 경향이 있다[영어에서 'recognition'은 '인정'의 의미로 쓰인다. 아이가 바람직한 행동을 한 것을 교사가 '인지(cognition)'했음을 아이에게 '되돌려(re=back)준다'라는 의미다. 교육을 "인간 행동의 바람직한 변화"라고 정의한다면, 인정은 교사의 본업 중 본업이 아닐 수 없다―옮긴이 주].

우리는 영향력 있는 교사의 교실에서는, 그렇지 않은 교사의 교실에서보다 "고마워"라는 말이 훨씬 더 많이, 더 자주 사용된다는 사실을 주목한다. 교사가 "고마워"라고 종종 말하는 교실에서는 학생들 또한 그렇지 않은 교사의 교실보다 더 자주 "고마워"라는 말을 사용한다는 것 또한 발견한다.

교실에서 교사가 "고마워"라고 표현하는 몇 가지 방법은 다음과 같다.

- ✅ 여러분, 모두 조용히 교실로 들어와줘서 감사해요. 정말로 고마워.
- ✅ 수진아, 숙제를 기억해줘서 너무 고마워. 아주 책임감이 크구나.
- ✅ 시영아, 네가 그렇게 깔끔하게 필기하는 방식이 참 마음에 들어.
- ✅ 현우야, 그렇게 빨리 과제를 하다니 고맙구나.
- ✅ 서연아, 오늘 자리에 잘 앉아주어서 고마워.
- ✅ 하진아, 그것은 멋진 이야기구나. 노력과 창의력을 많이 쏟았어.
- ✅ 문 닫아줘서 고맙구나, 정우야.
- ✅ 우리 반 여러분, 모둠 활동을 잘해줘서 고마워요.
- ✅ 종이 울리기 전에 책상 주변 정리해줘서 고마워. 항상 저는 청소부 관리인들께 교실에 들어와서 청소할 필요

가 없다고 말씀드려요(미국에서는 방과후에 청소 관리인이 들어와 교실 청소를 한다—옮긴이 주). 여러분 모두가 매일 교실을 떠나기 전, 책상 주변 청소를 하는 배려심 덕분이지요.

☑ 진영아, 그 문제를 해결하도록 영하를 도와줘서 고마워. 영하도 고마워하겠지만 선생님도 고마워한다는 것을 알았으면 해.

비꼬듯이 "고마워"라고 표현하는 것은 결코 적절하지 않다는 것을 항상 명심하자. 냉소적으로 표현하는 교사의 예로는, 수업 시간에 잡담을 나누고 있는 재석이를 쳐다보면서 "재호야, 조용히 해줘서 고마워"가 있다. 비꼬는 말은 절대 효과가 없다!

교실에서 "고마워"라는 표현을 몇 번이나 사용하는지, 혹은 사용하지 않는지부터 주목하자. 전보다 더 많이 학생들에게 고마움을 표현하는 것으로부터 시작하자. 그리자주 "고마워"라고 말하지 않는 여러분을 발견한다면, 학생들과 함께 일상 대화 속에 넣어서 시작하자. 습관이될 때까지 연습하자.

24 | 감사 행렬에 참여하라

꼭
짚어보기

　　　좋은 행동에 대해 학생들에게 고 마움을 표현하는 것은 관계를 쌓아가는 긴 여정이다(관계란 밧줄과도 같아서 한 올 한 올 엮어가는 것이다─옮긴이 주). 동시에 좋은 행동을 향상시키기 위한 긴 여정이기도 하다. 그러니 감사 행렬에 참여하라. 그러면 교실에서 일어나는 모든 바람직한 행동으로 보상받게 될 것이다.

25

굴욕감은 복수심을 낳는다

✳
✳
✳

생각
열기

　　　　　　　이제 시간을 돌려서 학창시절에
선생님이 여러분에게 망신을 주었던 때를 생각해보라.
슬프게도 우리 중 대부분은 한 번 이상 이런 경험이 있
다. 그때의 느낌이 어땠는지 기억을 떠올려보라. 심지어
지금도 그 기억이 생생하게 나면서 불쾌해질 것이다. 가
장 좋아하던 선생님 중 자신에게 굴욕감을 주었던 선생
님이 기억나는가? 물론 아닐 것이다. 사실 성인 대다수는
학창시절 자신을 모욕한 선생님에 대해서 지금도 여전히

분노와 혐오감을 느끼고 있다고 인정한다. 어제 일어난 일처럼, 여전히 창피했던 감정을 떠올릴 수 있다. 굴욕감이 얼마나 강하고 상처가 될 수 있는지 알 수 있는 대목이다. 아무도 "얘들아, 김고난 선생님이 나를 창피하게 했을 때, 그건 다 내가 더 잘되라고 그러신 거야. 지금도 그 선생님께 감사하고 있지. 나에게 굴욕감을 준 행동은 얼마나 멋졌는지!"라고 말하지 않는다.

지금 김고난 선생님은 학생들을 창피하게 했던 그때의 방법이 학생들을 바르게 행동하도록 가르치기 위해서였다고 항변할지도 모른다. 아마도 그 순간 잡담이 멈추거나 적어도 한동안 잘못된 행동이 그쳤다는 점에서는 옳을지도 모른다. 하지만 김고난 선생님이 깨닫지 못한 것은, 굴욕감은 효과가 결코 없다는 점이다. 사실 그것은 분노와 당황스러움을 유발하고 종종 보복심으로 이어진다. 창피당한 학생들은 종종 다음과 같이 느낀다. "그래? 내 친구들 앞에서 나를 당황하게 해서 내가 입을 다물었을지는 모르지만 되갚아주겠어!" 그리고 앙갚음은 학생 입장에서 많은 모습을 띨 수 있고, 그중 어떤 것도 좋지 않다.

굴욕당한 학생이 되갚을 때, 교사는 "그 녀석이 감히!" 라고 생각하며 대개 치를 떤다. 어떤 경우에도 누군가의 입장에서 보복을 용납하는 것은 아니다. 다만, 간단한 질문을 하고 싶다. 과연 누가 이를 시작했는가?

**교실
솔루션**

이 경우 해결책은 교사 자신의 행동을 주목하고, 다른 아이들 앞에서 아이를 의도적으로 당황하게 하는 성향이 있는지 스스로 묻는 것이다. 혹시 수업에 집중하지 않은 학생을 지목함으로써 다른 학생들이 그 학생의 집중력이 부족하다고 인식하게 만들지는 않았는가? 다른 학생들 앞에서 한 학생의 나쁜 시험성적을 말한 적은 없었는가? 한 학생이 친구들 앞에서 잘못된 행동을 했을 때 그에게 공개사과를 요구한 적은 없었는가? 이런 질문 목록에는 끝이 없겠지만, 이 정도로도 충분한 예시가 되었으리라 믿는다. 아이들에게 어떤 형태의 굴욕감이든, 이를 이용하고 있다고 깨달았다면 다시 고려하라.

굴욕감은 어떤 경우에도 정당화될 수 없다. 교사에 의해서 행해지는 '학생에게 창피주기'는 일종의 '약자 괴롭히기'라는 폭력으로 봐야 한다. 교사는 학생의 역할 모델이다. 좋은 역할 모델은 결코 약자를 괴롭히지 않는다. 우리는 학생 행동을 다룰 때 굴욕감을 사용하면서 정말로 영향력 있는 교사를 여태껏 만난 적이 없다.

꼭 짚어보기

물론 우리는 학생들이 바르게 행동하기를 진정으로 원한다. 이 책을 통해서 학생들을 바르게 행동하게 하는 많은 방법을 공유하지만, 어디까지나 항상 학생의 존엄성을 지키면서 동시에 교사의 전문성을 유지하는 전략을 나누는 중이다. 굴욕감으로 학생을 괴롭히지 말자. 우리는 전문성을 잃지 않고 학생을 굴욕에 빠뜨리지 않으면서도 학생이 제대로 행동하도록 가르칠 수 있다.

나도 위험을 감수해야 할까?

선생님은 수학 문제를 설명하셨지

난 그걸 이해하는 척했어

하지만 시험을 칠 때 난 알았어

어떻게 풀어야 하는지 모른다는 것을

결정의 순간, 압박감에

난 손을 들지 않았으니까

내가 그냥 몰랐다고

말하면서 당황할 가치도 없으니까

왜냐면 어제 다른 아이가

모른다고 인정해서

선생님은 진짜 화를 냈으니까

그리고 그 화난 걸 감추려 하지도 않으셨어

다른 애들이 웃기 시작했어

선생님이 그 아이를 곤란하게 했는데

나 또한 그런 위험을 감수해야 했을까?

이런 수업에서는, 절대로 아니니까!

26

90:10 규칙을 주의하라

생각 열기

　　90:10 규칙은 훈육 문제의 90퍼센트는 10퍼센트의 교사에 의해 만들어진다는 것을 의미한다. 진정 옳은 말이다. 생활지도부에 보내지는 전체 학생의 90퍼센트는 10퍼센트의 교사들에 의해 오게 된다. 의심스럽다면 학교 생활지도부에 어떤 교사들이 올해 가장 많은 학생들을 여기로 보낼지 예측해달라고 요청하자. 그들은 거의 정확히, 90:10 규칙이 존재한다는 것을 입증해줄 것이다. 진정 영향력 있는 교사는 좀처럼

생활지도부에 학생들을 보내지 않는다. 하지만 그 교사가 학생을 보냈다면, 생활지도부에서도 실로 심각한 상황임을 인지한다.

숙제를 제출하지 않거나, 수업 중 이상한 소리를 내거나, 화나게 하거나, 수업에 집중하지 않거나, (생활지도부가 아닌) 교실에서 다뤄질 수 있고 다뤄져야만 하는 많은 사소한 잘못으로 학생을 생활지도부에 보낼 때, 그 교사는 자신이 교실의 일반적인 문제를 감당할 수 없음을 학생들에게(또한 생활지도부에) 인정하는 것이다. 그러므로 문제 행동을 한 학생이 교실로 돌아올 때, 그 학생은 교사가 자신을 감당하지 못한다는 것을 알게 된다. 그 학생은 곧 교실을 장악한다. 왜냐하면 교사가 통제력을 잃게 하는 법을 알기 때문이다. 그래서 학생의 낯선 행동은 계속되고, 대개는 더 악화된다. 그리고 그 교사는 학생을 생활지도부로 보냈는데, 생활지도부에서 아무 조치도 하지 않는다고 비난한다.

이제 해결책이 있을까? 분명 있다. 함께 영향력 있는 교사의 교실을 살펴보자.

영향력 있는 교사에게는 학생들을 생활지도부에 보내지 않도록 사용하는 아주 독특한 기법이 있다. 첫 번째로 그들은 생활지도부의 도움을 구하지 않고 스스로 낯선 학생 행동을 실제적으로 다룬다는 점이다. 권위 있게 모든 학생을 대하고, 수업에 학생을 참여시키며, 수업 시작종에서 끝종까지 가르침이 이루어지도록 한다. 기본적으로 우리가 이 책에서 토의하는 낯선 행동을 개선할 50가지 방법 모두를 사용하면서, 우수한 수업운영을 통해 이를 이룬다. 영향력 있는 교사는 문제의 소지가 될 일이 커지기 전에 상황을 파악하고, 사전에 그 싹을 없애는 방법을 안다. 또한 생활지도부가 아닌, 스스로가 수업을 통제해야 한다는 것을 깨닫고 있다. 그래서 영향력 있는 교사는 생활지도부에 학생들을 보내는 것을 피하기 위해 무슨 일이 있더라도 그들의 권한 내에서 할 수 있는 일은 전부 한다.

하지만 영향력 있는 교사가 학생을 생활지도부에 보내야 할 상황이 전혀 없을까? 물론 있다. 하지만 그런 경우란 드물다. 90:10 규칙처럼 말이다. 영향력 있는 교사는 이런 "필수 상황"에서 학생들을 생활지도부에 보낼 때 아주 현명한 전략을 사용한다. 이 전략은 학생들이 스스로 생활지도부에 가게 만드는 방법을 포함한다. 다음은 그 방법이다.

학교 첫째 날, 학생들에게 가장 중요한 학급 규칙과 절차를 소개할 때, "여러분도 잘 알겠지만, 저는 바람직하지 않은 행동을 이유로 누군가를 생활지도부에 보내지는 않습니다"라고 교사가 말한다. 학생들은 대개 이런 멋진 소식을 알게 되자마자 환호성을 지른다. 그때 교사는 이렇게 말한다. "자, 이제 여러분은 스스로 생활지도부에 가게 될 겁니다." 아이들의 분위기가 흥분에서 의문으로 바뀌어가는 모습을 보게 된다. 그다음에 교사는 "생활지도부에는 선도규정이 있고 여러분이 그중 하나를 어긴다면, 스스로 생활지도부에 가야 합니다. 예를 들어 어느 누구라도 신체적 싸움에 가담한다면, 스스로 생활지도부로 가야 합니다. 단언컨대 그런 일이 여러분에게 일어날 거라고 걱정할 필요는 없다고 확신해요. 그런데 만약 그런 일이 있다면 나는 최선을 다해서 학생 여러분이 힘들지 않게 돕고, 여러분을 위해 필요한 서류작업을 하겠습니다"라고 말한다. 나중에 한 학생이 다른 학생을 때리는 일이 발생했을 때, 교사는 그저 "스스로 자신을 생활지도부에 가게 하는 행동을 한 거, 깨닫고 있지? 하지만 잠시 진정하고 있도록 해라. 널 위해 생활지도부에 제출할 서류작업을 해주마"라고 말한다.

어떤 일이 일어났는지, 여러분, 보았는가? 학생은 자신의 행동에 책임을 져야 한다! 우와! 그리고 교사는 아무 관여도 하지 않는다. 학생을 위해서 따분한 사안 신고서를 작성하고, 아이를 돕는 것을 뺀다면 말이다. 이 방법을 사용하는 교사들에게 이것이 효과가 있는지 물으면, 모두 마치 부적처럼 효과가 있다고 말할 것이다!

꼭 짚어보기

영향력 있는 교사의 교실에서 중요한 것이 또 있다. 학생들은 정확하게 어떤 행동으로 인해 생활지도부에 보내질지 학기 첫날부터 미리 듣는다는 점이다. 그래서 생활지도부의 훈육지도는 교사의 분노지수나 학생의 행동 정도와는 상관없다. 그것은 규칙을 어겼을 때만 관련이 있다. 학생들은 어떤 행동에 대해 어떤 결과가 오는지 예측하는 법을 배워야 한다. 만약 어떤 규칙을 위반해서 생활지도부로 가게 된다면, 교사가 아니라 학생 스스로가 책임을 지는 것이다. 영향력 있는 교사의 교실에서 얼마나 자주 낯선 행동 때문에 학생이 생활지도부에 가게 될까? 매우 매우 드물다!

학생을 생활지도부에 보낼 일이 거의 없는 90퍼센트 교사의 부대에 합류하라. 멋진 전문적 학습공동체가 아닐까! 이 단체의 회장이 되는 건 어떨까.

27

진심으로 관심을 갖고 대하라

✳

✳

✳

생각 열기

       학생의 행동을 향상시키는 가장 효율적인 방법 중 하나는 교사가 자신 편이고, 정말로 자신에게 관심이 있다는 것을 학생들에게 이해시키는 일이다. 우리는 학생이 어떤 특정 교사가 자신에게 관심을 갖고 있고 공격적이지 않다고 믿을 때, 행동이 극적으로 향상되는 모습을 줄곧 보아왔다. 반대로 특정 교사가 자신에게 관심을 갖지 않거나 좋아하지 않는다고 믿을 때, 교사를 적대적으로 보는 경향이 있고, 그래서 스스로를 보호하기 위해 공격하는 경향도 목격했다. 우리는 또한 교사들이 실제로는 학생들을 좋아한다는 것을 이해시키기 위해 거의 노력하지 않는 경우도 많다는 사실을 주목한다. 나를 정말 싫어하는데 그런 누군가를 좋아할 수 있을까? 거의 불가능하다. 교실에서도 마찬가지다.

교사가 학생에게 신경 쓰고 있음을 이해시키는 가장 유리한 순간은, 아이가 버릇없이 행동하거나 적절하지 않은 행동을 할 때다. 하지만 너무도 자주 교사들은 긍정적인 결과를 기대하면서도 이런 기회를 부정적인 경험으로 만들어버린다. 다들 알고 있듯이 학생들은 간혹 버릇없이 행동한다. 그런 경우에 안타깝게도 교사는 지금까지 항상 그래왔고, 앞으로도 항상 부정적인 결과를 가져올 기술을 사용해 즉시 부정적인 태도로 이에 반응한다. 예를 들어, 만약 어떤 학생이 순서를 지키지 않고 발언할 때, 교사가 친구들 앞에서 지적한다면, 그 학생은 결코 그 행동을 멈추지 않을 것이다. 몇 분 동안은 버릇없이 행동하는 것을 멈출 수 있지만, 보통 곧바로 똑같은 행동으로 돌아간다. 학생을 친구들 앞에서 당황스럽게도 공개적으로 꾸짖는 것은 교사의 돌봄과 관심을 표현하는 방법이 아니다. 따라서 학생의 행동이 부적절할지라도, 만약 선생님이 자신에게 관심을 갖고 있다고 믿지 않으면, 그 학생은 자책감을 느끼거나 행동을 변화시킬 필요를 느끼지 않는다. 다음에 나오는 기법은 낯선 행동을 거의 마법처럼 효과적으로 다루면서도 돌봄과 관심을 표현하는 훌륭한 방법이니 꼭 기억하자.

**교실
솔루션**

4장에서 "너, 괜찮아?" 기법을 공유한 것을 기억하는가? 다음 기법 역시 분노나 빈정거림과는 반대로, 돌봄과 관심을 표현하는 훌륭한 방법이다. 다음의 가상상황에서 조금 더 다루어보자.

한 학생이 교실에서 바람직하지 않은 행동을 하고 있다. 교사는 그를 밖으로 데려가 4장처럼 아이가 괜찮은지 묻는다. 그러나 이때 반드시 교사가 학생을 진심으로 걱정하고 있음을 알려야 한다. 학생의 장점 몇 가지를 이야기하라. 교사가 자신을 온전한 인격체로 좋게 평가하고 학생을 잘 알고 있다는 점을 깨닫게 말이다. 예를 들면 이렇다. 학생이 괜찮은지 물은 후에, 다음같이 말하자. "너도 알겠지만 나는 정말로 너에게 관심을 기울이고 있단다. 너는 타고난 리더야. 다른 아이들이 네 말에 주목하도록 하는 능력이 있다고 생각해. 또 네가 친구들을 이용하지 않는다는 점도 주목하고 있어. 그런데 지금 네가 학급에서 한 행동방식은 적절하지 않구나. 그래서 특별히 뭔가 잘못되어가는 일이 있다고 생각해. 지금 네 행동은 마음에 들지 않지만, 선생님은 너를 정말 좋아한단다. 그러니 만약 네 사정을 들어줄 사람이 필요하면 선생님에게 오렴. 이 일은 없었던 걸로 하고 수업으로 돌아가서 다시 시작하는 건 어떨까?"

이 기법은 약 30초가 소요되며 실로 놀라운 결과를 낳는다. 그 학생은 교사가 자신에게 진정한 관심이 있으며 자신의 행복을 걱정한다고 느끼며 교실로 들어간다. 사실 이것이야말로 우리가 모든 학생들이 믿었으면 하는 것이 아니겠는가?

꼭 짚어보기

사실 학생들을 걱정하고 관심을 표현하는 교사는 그렇지 않은 교사보다 학생의 낯선 행동 문제가 거의 없다. 학생들은 교사가 관심이 있다고 믿을 때, 더 나은 행동으로 보답하는 경향이 있기 때문이다. 그러니 학생들에게 교사가 걱정하고 있다는 것을 꼭 확신시키자. 그러면 낯선 행동 문제는 눈에 띄게 줄어들 것이다.

28

친절하고 예의 바르고
의욕적으로 대하라

✳

✳

✳

**생각
열기**

우리 학생들이 친절하고, 예의 바르고, 의욕이 넘친다면 멋진 인생을 살아가게 되지 않을까? 어떤 교실에서든 학생의 태도와 행동이 종종 교사의 태도와 행동을 반영하는 경향이 있다는 사실을 고려한다면, 아마도 우리 교사들이 정말로 얼마나 친절하고, 예의 바르고, 의욕이 넘치는지 좀 더 면밀하게 살펴봐야 한다 (시험감독으로 들어가면 아이들이 담임 분위기를 닮았다고 느낄 때가 종종 있다─옮긴이 주).

**교실
솔루션**

　　　　　여기 나온 전략은 교사가 얼마나 친절하고, 예의 바르고, 의욕이 넘치는가 측정하는 지표이다. 교사에게는 개선과 성장의 지표가 되어줄 것이다. 스스로에게 다음 질문을 하고 진실하게 대답해보자.

☑ 나는 학생들 앞에서 대부분 미소를 짓는가?

☑ 나는 의식적으로 매일 모든 학생에게 친절한가?

☑ 나는 모든 상황에서 예의를 지키며 지속적인 역할 모델이 되도록 각별히 주의하는가?

☑ 나는 가르치는 동안 열정적이고 의욕적으로 보이는가?

☑ 심지어 학생을 꾸짖을 때도, 나는 침착하고 절제된 태도로 학생을 품위 있게 대하는가?

☑ 나는 항상 학생을 존중하는가?

☑ 학생들은 나를 행복한 사람이라 생각하는가?

☑ 학생들은 내가 자신들을 좋아하는 것을 알고 있는가?

질문 중에서 스스로에게 부족한 부분을 발견했는가?

혹은 항상 위의 모든 자질을 보여준다고 스스로 느낄지라도, 더 친절하고, 더 예의 바르고, 더 의욕적인 교사가 되기 위해 부단히 노력하자.

만약 교사가 너무 친절하면 아이들이 만만히 보고 바르게 행동하지 않을 거라고 걱정하지는 말자. 학생들이 교사의 기대치를 명확히 알고, 교사가 그런 기대치를 일관되게 유지하는 한, 아주 친절하면서도 여전히 좋은 행동을 함양할 수 있는 교사가 될 수 있다.

꼭 짚어보기

　　　　　학생들은 친절하고, 예의 바르고, 의욕적이라고 생각하는 교사에게 행동으로 말하고, 수업에서도 최고로 반응한다. 더 좋은 점은 학생들이 곧바로 이러한 행동을 똑같이 따라하기 시작한다는 것이다. 마찬가지로 덜 친절하고, 덜 예의 바르고, 덜 의욕적인 교사의 교실에서 똑같은 행동이 바로 학생들에게 반영되는 경향이 있다는 것은 두려운 일이다. 그러니 학생들에게

28 | 친절하고 예의 바르고 의욕적으로 대하라

바라는 만큼 교사 역시 친절하고, 예의 바르고, 의욕적으로 행동하자. 그러면 아이들도 교사만큼 친절하고, 예의 바르고, 의욕적으로 성장할 것이다!

29

학생들의 가면을 벗겨라

✳
✳
✳

**생각
열기**

　　모든 학생은 저마다 이야기를 갖고 있다. 비록 우리가 학생들을 알기 위해 노력한다 할지라도, 모든 학생의 이야기를 완전히 알지는 못한다. 모든 좋은 행동과 낯선 행동은 학생의 개인 사정에서 기인한다. 몇몇 학생은 심하게 비극적인 사정을 가지고 있다. 또한 몇몇은 어떤 아이나 어른도 겪어서는 안 될 것을 보고 경험하기도 한다.

　　교사는 때로 학생이 어떤 방식으로 행동할 때 그렇게

하는 이유가 있다는 것을 잊는다. 그 이유가 수업에서 비롯되기도 하지만, 많은 경우에 그렇지 않다. 가끔 모든 학생은 가면—정말로 거기에 무엇인가를 숨기기 위한 가면—을 쓴다. 그 가면 뒤에 단순한 수줍음이 숨어 있기도 하고, 두려움이 숨어 있기도 하다. 가끔은 깊은 고통이 숨어 있다. 억압된 분노일 때도 있다. 이유와는 상관없이 이런 학생이 어른을 믿는 것은 대개 어렵다. 그래서 그들은 가면을 쓴다. 그러나 유능한 교사의 교실에서는 이들도 가면을 오래 쓰지는 않는다.

**교실
솔루션**

교사가 모든 학생들의 수많은 다양한 가면을 벗기기 위해 해야 하는 세 가지 단계가 있다. 첫째, 학생이 가면을 쓰고 있다는 것을 깨달아야 한다. 둘째, 가면 뒤를 보기 위해 항상 노력해야 한다. 그리고 셋째, 가장 중요한데, 결코 학생의 행동을 개인적으로 받아들여서는 안 된다. 앞에서 이미 말한 것처럼, 만약 학생의 행동 뒤에 숨겨진 이야기들을 안다면, 열 번 중 아홉 번은 화를 내는 대신에, 가슴 아파할 것이라는 게 우리의 확고한 믿음이다. 유능한 교사는 무엇보다도 앞에 언급한 이 세 단계를 가장 중요하게 따른다. 그리고 이 단계와 더불어, 일상 행동을 통해 그들이 결코 아이를 해치거나, 당황스럽게 하거나, 얕잡아보는 어떤 행동도 하지 않는다는 것을 보여준다. 즉, 신뢰할 수 있고, 사려 깊고, 전문적인 사람들이라는 것을 증명한다. 그래서 유능한 교사들은 심지어 가장 불신이 큰 학생의 신뢰도 얻는다.

꼭
짚어보기

누군가의 입장에서 모든 것을 보기 전에는 그 사람을 진정으로 이해할 수 없다는 말이 있다. 학생의 행동을 주목하는 것도 필요하지만, 무엇보다도 행동의 표면 아래에 숨어 있는 속마음을 들여다보는 노력이 중요하다. 다음 시는 모든 것을 말해준다.

가면 뒤에서

만약 선생님이 저의 내면을 볼 수 있다면, 틀림없이 알
았을 텐데
저의 나쁜 행동 밑에는 선생님을 필요로 하는
한 아이가 있다는 것을 그래서
저는 저를 위한 선생님의 사랑을 느끼고 싶어요
저는 선생님의 자상한 미소가 필요해요
저는 매일 중요한 존재이고 싶어요, 비록
잠시뿐일지라도
저는 선생님의 모든 지혜가 제게 쏟아지기 원해요
당장 제대로 스며들지는 않을지라도 언젠가는 그럴
거라는 걸, 선생님은 알 거예요
저는 큰 인내심과 차분한 목소리가 필요해요
누군가가 제게 더 나은 선택을 하는 방법을 알려주길
원해요
그것이 쉽지 않을 걸 알아요, 저는 선생님을 밀어내고
가끔은 시험할 거예요
그러나 정말로, 선생님, 굳어진 마음도 부드러워질 수

있다는 것을 알아주세요

그러니 저를 선생님의 도전, 소명과 임무로

생각해주세요

그리고 가면 뒤에 숨겨진 제 좋은 점을 발견할 때까지

저를 찾아주세요.

30

나쁜 분위기로 흘러가게
놔두지 말라

✳

✳

✳

**생각
열기**

준호가 수업에 들어왔다. 기분이
좋지 않은 게 분명했다. 김무시 선생님은 아이가 뭔가 좋
지 않은 상황이란 걸 알았다. 그러나 그를 무시한다. '저
녀석은 항상 상태가 안 좋아' 교사는 그렇게 생각한다.
'저 녀석은 단지 내 관심을 원하는 거야. 그리고 나는 그
럴 생각이 없어.' 준호는 고개를 숙인 채, 공부에 집중하
거나 참여하지 않고 있다. 아이의 분위기가 더 나빠지고,
김무시 선생님은 화가 났다. 학생과 교사의 대치가 시작

됐다.

준호가 수업에 들어왔다, 기분이 좋지 않은 게 분명했다. 박감히 선생님은 아이를 보고 뭔가 좋지 않은 상황임을 인지했다. 그리고 말했다. "감히 그런 태도로 교실에 들어오다니. 나쁜 기분은 문밖에 다 버리고 와!" 준호는 혼자 생각한다. '선생님은 아무것도 몰라요, 내가 이렇게 화가 나 있는데 선생님은 어떻게 그렇게 무심하실 수 있죠?' 준호는 책으로 책상을 세게 내려친다. 박감히 선생님은 그를 나무란다. 아이는 다시 대들고, 상황은 최악으로 치닫는다.

준호가 수업에 들어왔다, 분명히 나쁜 기분으로. 이섬세 선생님은, 물론 문에서 학생들을 맞아 인사하면서 아이의 상황을 즉시 알아차렸다. 이섬세 선생님은 그에게 걱정스러운 눈길을 주며 말한다. "너, 괜찮아?" 아이는 아니라고 말한다. 선생님이 말한다. "화난 것처럼 보이는데, 안타깝구나. 뭔가 말하고 싶으면 언제든 얘기해. 네가 너무 화가 난다면 선생님에게 알려줘, 그러면 선생님이랑 둘이 교실 밖으로 나가서 이야기하면 되니까." 준호는 선생님에게 감사하다고 말하고, 교실로 들어가 조용히 앉은 후 열심히 수업에 집중한다. 이섬세 선생님은 나중에 아이에게 다가가서 속삭인다. "준호야, 선생님은 네가 아주 자랑스럽구나. 화가 났는데도 네가 교실에 들어와 수업에 잘 참여하고 공부하고 있다는 사실은 아주 성숙한 태도를 보여주는 거야." 준호는 선생님께 감사하다고 말하고 계속 수업에 몰두한다.

교실 솔루션

　　　　하나씩 살펴보자. 김무시 선생님이 사용한 해결방법으로는 상황이 악화될 뿐이었다. 학생의 행동을 무시하는 게 적절한 상황이 분명히 있다. 그런데 이 상황은 그러한 상황 중 하나가 아니다. 준호는 그가 화가 났다는 것을 알아줄 누군가가 필요했다.

　박감히 선생님은 김무시 선생님과는 다르게 접근했다. 그러나 역시 상황을 악화시켰다. 준호는 이미 화가 나 있었기에, 그에게 화를 내는 것은 최악의 방식이었다.

　이섬세 선생님은 준호의 기분을 나쁘게 만드는 게 상

황을 악화시킬 것을 알았다. 또한 다른 학생들을 진심으로 신경 쓰는 것처럼, 마음을 두고 준호에게 신경 쓰고 보살폈다. 그래서 이 교사는 그 문제를 즉시, 애정 어린 마음으로 해결했다. 아이가 화났다는 것을 안다고 학생에게 알려줌으로써 그를 진정시켰다. 그런 후 아이의 성숙한 태도에 대해 교사의 자부심을 표현했다.

꼭 짚어보기

학생이 교실에 화가 난 채로 들어온다면, 그 화난 기분을 계속 갖고 있게 하지 말라. 상황을 더 안 좋게 만들 뿐이다. 이섭세 선생님이 되어라. 그러면 문제 행동은 이내 확연히 줄어들 것이다.

30 | 나쁜 분위기로 흘러가게 놔두지 말라

31

긍정지존이 되어라

*
*
*

생각 열기

학교 안 모두가 교사 중 누가 긍정적인 사람인지 알고 있다. 학생도, 직원도, 관리자도, 심지어 학부모도 알고 있다. 여러분 학교의 긍정지존은 누구인가? 잠깐 답을 찾아보라. 그 사람을 마음속에 그려보자. 이제 왜 그 특정한 교사를 선택했는지 생각해보자. 그 교사는 여러분을 어떻게 대하는가? 그 사람은 학생들을 어떻게 대하는가? 여러분의 마음속에 그 교사의 어떤 표정이 떠오르는가?

자, 그 교사의 이름은 무엇인가? 그 이름이 여러분 자신의 이름이기를 바란다. 스스로의 이름을 떠올렸는가? 아니라면 왜 아닌 걸까? 여러분의 이름을 말하지 못했다면, 그것은 여러분이 아직은 유능한 교사가 되지 못했다는 뜻이다. 학생들에게 존경받을 만한 훌륭한 교사가 아직은 아니라는 것이다. 만약 자신의 이름이라면, 축하한다! 여러분이 소속 학교에서 가장 긍정적인 교사가 될 수 있도록 계속 격려하고 싶다. 반면, 지금은 여러분의 이름이 아닐지라도, 좋은 소식은 앞으로 여러분도 학교에서 가장 유능한 교사가 될 수 있다는 것이다!

**교실
솔루션**

학생들은 긍정적인 역할 모델에게 가장 잘 반응한다. 그리고 부모를 제외하고 우리 교사들이 가장 중요한 역할 모델일 가능성이 높기에, 학생들에게 책임감을 느끼고 있다. 우리는 학생들에게 교사가 할 수 있는 한 최고이자, 가장 긍정적이고, 가장 영향력 있는 사람이 되어야 할 책임이 있다. 간단치 않은 어마어마한 과제이지만, 진정한 전문가만이 책임질 수 있는 일이기에 가장 가치 있는 일이다. 청소년들이 살아가는 데 영향을 주고, 그들의 미래에 감동을 주는 일이 아닌가. 그래서 우리는 이 과업을 성실히 수행하고, 학교의 긍정지존 교사가 되어야 한다! 자주 웃자. 만나는 모두에게 친절한 말을 하고, 열정을 가지고 가르치자. 험담은 하지 말고, 학생의 행동을 개인적으로 받아들이지 말자. 학생들이 대접할 가치가 있는 교사가 되자.

꼭
짚어보기

앞으로는 학생들에게 긍정지존 교사가 누군지 물어보면 여러분 자신의 이름이 나와야 한다. 학생들이 그럴 수 있을까?

가장 행복한 교사

누가 가장 행복한 교사인가

우리 학교에서 최고로 전문성 있는 교사일까

솔직히 그게 나라고 말할 수 없다면

확실히 부족한 것이다

유능한 교사들은 분명히 알고 있다

학생들이 무엇보다

행복한 교사를 원한다는 것을

그래서 나는 오늘부터 행복해질 것이다

훗날 내가 뒤를 돌아보면 학생들은 이렇게 말할

것이다

제가 여태껏 알아온 모든 선생님 중에서

가장 행복한 교사는 바로 선생님이에요!

32

학생의 관심사가
나의 관심사가 되게 하라

✳

✳

✳

생각 열기

　　　　　자신이 교사의 관심을 받고 있다고 믿는 학생은 그렇지 않다고 믿는 학생보다 더 바람직하게 행동한다. 학생에게 교사가 자신을 신경 쓰고 있고, 가치 있고 흥미로운 사람으로 대해준다는 확신을 주어라. 그러면 그 학생은 수업에서 재미를 발견하고, 낯선 행동을 훨씬 적게 보일 것이다.

　학생에게 교사가 관심이 있음을 알려주는 방법 중 하나는 바로 학생의 관심사를 궁금해 하는 것이다. 그 학생이 무엇을 즐기는가? 어떤 것에 빠져드는가? 방과후에는 무슨 활동을 하는가? 누구와 놀고, 무슨 운동에 관심이 있는가? 취미를 알아보는 것도 좋다. 학생들은 모두 학교 밖에서 뭔가를 하고 있지만, 관심사는 저마다 다르다. 그렇다. 학생들은 각자 무언가에 관심이 있다. 이제 여러분이 할 일은 그 무언가를 알아내는 것이다.

**교실
솔루션**

학생의 관심사를 알아내는 가장 확실한 방법은 직접 물어보는 것이다. 학생의 취미를 함께 나눌 수 있도록 이야기해보자. 흥미검사를 해보는 것도 좋은 방법이다. 학생도 검사에 답하는 과정에서 자신이 무엇을 좋아하는지 알게 되기 때문에 교사들은 이런 검사를 자주 활용한다. 이런 식의 연구를 계속하면서, 그 관심사를 수업이나 토론에 가장 잘 적용할 방법을 찾을 수 있다(첫 수업 시간에 이런 것들을 써내게 하는 것도 좋은 방법이다. https://cafe.naver.com/ket21/12827을 참조하라─옮긴이 주). 한편 학생들을 관찰하는 것 또한 관심사가 무엇인지 알 수 있는 방법이다. 학생들의 행동에서 많은 것을 알아낼 수 있기 때문이다. 항상 사람들과 떨어져서 독서에 몰두하는 유진이를 보고, 우리는 두 가지를 알 수 있다. 유진이가 사회적 상호작용에 익숙하지 않다는 것, 그리고 책읽기를 좋아한다는 것. 그래서 교사는 유진이가 다른 아이들과 소통할 수 있도록 도와주고, 이 일이 편해지면 유진이가 좋아하는 주제에 관해 관심을 나누며, 나아가 유진이가 재미있게 생각할 만한 주제를 제안할 수 있다. 다른 학생들 앞에서 으스대는 수혁이를 보면, 미숙한 방식으로 리더가 되려고 하는 아이의 욕심이 보인다. 그러면 교사는 겸손의 미덕을 알려줌으로써 수혁이가 진정한 리더십을 갖추도록 도울 수 있다. 스케이트보드 타는 것을 좋아하는 대철이에게는 스케이트보드를 주제로 발표하라고 제안하자. 우리는 스케이트보드가 대철이의 작문 숙제나 물리 수업 등 교육과정 내 어떤 영역에든 녹아들게 할 수 있다.

교사가 학생들에게 관심을 보여주는 또 하나의 방법은 방과후 활동을 함께하는 것이다. 학생들의 운동 경기나

댄스 공연, 밴드 콘서트에 가보자.

마지막 예로, 한 유능한 교사의 이야기를 공유하고자
한다.

명수는 매우 소극적인 학생이었다. 교사는 명수의
관심사를 알아내기 위해 노력했지만, 아이의
적성검사지는 항상 빈칸이었고, 무엇을 좋아하는지
물어도 돌아오는 대답은 항상 "없어요"뿐이었다.
명수는 다른 사람들과 눈을 마주치는 것조차
어려워했고, 학교 성적도 생각보다 많이 뒤처져
있었다. 이렇게 마냥 내버려둘 수 없었던 교사는,
명수가 무엇에 관심이 있는지 그 단서를 세심하게
찾기 시작했고, 곧 아이가 지나칠 정도로 깔끔하다는
것을 알게 됐다. 명수는 소지품을 아주 가지런히
정돈했고, 책상 속과 주변 물건을 항상 잘 정리했다.
수업 시간에는 깔끔하게 필기를 했고, 뭔가를
지울 때는 흔적이 남지 않도록 항상 조심스럽게

확인했다. 바로 그거였다. 어느 날 교사는 명수와 대화하며, "너는 이제까지 내가 본 학생 중에서 가장 정리정돈을 잘하는 사람이야! 자기 자신, 또 그 주변을 항상 깨끗하고 정돈된 상태로 유지하는 능력은 대단한 거라고 생각해. 어떻게 그렇게 잘하는지 배우고 싶다니까. 도와줄 수 있지?"라고 말했다. 그렇게 해서, 명수는 교실의 인테리어 담당이 되었다. 명수는 교사를 도와 교실 구석구석을 정리했고 유용한 조언도 많이 했다. 명수와 교사는 정리전문가가 사람들 집에 방문해 명수와 비슷한 일을 하는 TV 프로그램에 관해 이야기했다. 명수는 교사와 함께하는 것이 즐겁고 유익하다고 느끼며, 기꺼이 자신의 껍질을 깨고 나왔다(1인 1역이 절실한 이유를 이 이야기에서도 알 수 있다. 관련 정보는 https://cafe.naver.com/ket21/3292를 참조하라 —옮긴이 주).

꼭 짚어보기

중요한 것은, 학생은 교사가 자신의 관심사를 알아주길 바라고 교사가 자신을 흥미롭다고 생각하기를 좋아한다는 점이다. 학생을 좋아하고, 학생의 관심사를 알고 있고, 그래서 학생과 소통하고 있다는 것을 느끼게 하자. 학생들은 교사와 소통한다고 느낄 때 더 많이 성취하고 더 바르게 행동한다. 흥미롭지 아니한가!

32 | 학생의 관심사가 나의 관심사가 되게 하라

33

작은 부탁 하나가
큰 차이를 만든다

✳

✳

✳

생각 열기

대부분의 학생은 교사에게 부탁을
받거나 심부름을 해주는 것을 좋아한다. 단지 교실 밖으
로 나갈 수 있기 때문에 그런 걸까? 아니다. 교사가 학생
에게 특별한 심부름이나 특정한 임무 완수를 위해 도움
을 요청할 때, 학생들은 스스로 중요한 사람이라고 느끼
게 된다. 모든 사람은 스스로 중요한 존재라고 느끼기를
원한다. 물론 교실 밖으로 나가는 것 자체도 작은 휴식
처럼 느껴질 것이다. 그렇다고 모든 학생이 심부름을 하

면서 복도를 돌아다니며 자기 시간을 가져야 한다는 것은 아니다. 다만 학생에게는 때때로 교사에게 도움을 제공할 수 있는 기회가 주어져야 한다. 교사를 돕는다고 꼭 교실 밖으로 나가야 하는 것은 아님을 기억하자. 교실 안에서도 의자 옮기기, 서류 더미 정리하기, 연필 깎기 등 학생들에게 도움을 청할 수 있다.

가끔은 무언가에 화가 난 학생에게 화를 가라앉힐 시간이나 공간을 제공할 필요가 있다. 또 어떨 때는 정말 학생이 자기 자신을 중요하고 책임감 있는 사람으로 느끼게 해주고 싶다. 어떤 이유에서든, 여러분이 건넨 부탁이 때로는 학생을 살리는 구세주가 될 수 있다.

**교실
솔루션**

어떤 부탁을 할까 고민이라면, 여기 간단한 방법이 있다. 동료 교사와 합의를 하면 된다. 가끔 학생을 어떤 이유로 교실 밖으로 내보내야 할 때, 동료 교사에게 흰 봉투를 전달하는 심부름을 시키기로 하는 것이다. 물론 봉인된 봉투이기 때문에 그 학생은 봉투가 비어 있다는 것을 모른다. 교사는 항상 봉투를 준비해두고 학생이 교실 밖으로 나갈 필요가 있을 때 봉투를 사용하면 된다. 동료 교사는 봉투를 전달해준 것에 대해 감사를 표하고, 학생이 다시 교실로 돌아가는 것을 봐줄 것이다. 아주 간단하고 효과적인 방법이다.

예를 들면 이런 행동 전략이다. 화가 난 민석이가 씩씩거리며 수업 활동에 참여하지 않고 있다. 곧 폭발할 듯한 표정을 보니 복도에 나갔다 오는 것이 좋겠지만, 지금의 마음 상태를 볼 때 교사가 함께 복도로 나가자고 말하면 아이가 거절할지도 모른다. 이때, 준비해둔 빈 봉투를 들고 이렇게 말하는 것이다. "민석아, 부탁 좀 들어줄 수 있을까? 이것 좀 국어 선생님께 전해줄래? 정말 고마워." 민석이는 기꺼이 교실 밖으로 나갈 것이다. 민석이가 돌아올 때쯤, 교사는 복도에 나와 기다린다. "중요한 심부름을 해줘서 너무 고마워. 근데 우리, 교실 들어가기 전에……." 이제 교사는 걱정하는 마음을 담아, 차분하게 아이와 문제에 관해 이야기를 나누면 된다.

또 다른 행동 전략의 예를 들어보자. 라현이는 수업 활동 속도가 느린 편이다. 조금만 잘해도 칭찬해줄 텐데, 도무지 그럴 기회가 없다. 이때 부탁을 하는 것이 좋은 해결책이 될 수 있다. 학생들에게 수업과제를 준 직후, 라현이에게 가서 말한다. "라현아, 부탁할 일이 있어. 이 거 끝내는 대로 나한테 알려줘. 다른 선생님께 뭐 좀 전 달해줘야 하거든." 십중팔구 이런 상황에서 라현이는 별 다른 이유가 없는 한 심부름을 하기 위해 즉시 과제를 시 작하게 된다. 교사가 라현이를 위해서 이 기회를 활용하 고 있다는 것은 모를 것이다. 라현이가 과제를 끝내자마 자, 준비해둔 흰색 빈 봉투를 배달하도록 보낸다. 그리고 돌아오면, 이렇게 말하는 것이다. "정말 고마워. 전달해 줘서. 과제 빨리해준 것도 고맙고. 수업 활동도 점점 잘 하는 거 같은데? 라현이가 잘하고 있다고 부모님께 간단 히 편지 써서 전해도 될까?"

물론 단순한 두 사례이긴 하지만, 일단 시도하다 보면, 더 많은 부탁을 만들 수 있는 적절한 방법을 찾을 수 있 다. 가끔은 작은 부탁 하나가 큰 차이를 만든다.

☑ 학생들은 자신이 중요한 사람이라고 느끼고 싶어 한다.

☑ 대부분의 학생은 교사의 심부름을 하거나 부탁을 들어 주는 것을 좋아한다.

☑ 부탁은 학생에게 마음을 진정할 시간을 주고, 자존감을 느끼게 한다. 동시에 학생을 칭찬할 기회를 만들어주고, 그 밖의 많은 일을 가능하게 한다.

☑ 부탁은 학생과 교사 모두에게 구세주가 될 수 있다.

34

실수를 인정하라

✳
✳
✳

**생각
열기**

교사로서 우리는 모두 각자 목표를 설정하고 있다. 또한 우리가 되고자 애쓰는 교사 유형에 관한 나름의 생각을 갖고 있다. 만약 여러분의 목표 중 하나가 '완벽한' 교사가 되는 것이라면, 우리는 여러분에게 교직을 그만두라고 권하고 싶다. 뒤도 돌아보지 말고, 어서 그만두기를! 아시다시피, 완벽한 교사란 없기 때문이다. 심지어 가장 훌륭한 교사라 해도 실수하기 마련이다. 그러나 훌륭한 교사와 그렇지 않은 교사를 구별 짓는 한 가지 특징이 있다. 훌륭한 교사는 자신의 실수를 인정하는 것을 두려워하지 않는다는 점이다. 심지어 학생들 앞에서도 말이다. 왜일까? 훌륭한 교사는 어떻게 실수를 받아들이고, 그것을 성공의 디딤돌로 사용할 수 있는지 아이들에게 가르쳐주는 것이 긍정적인 역할 모델로서의 임무임을 알기 때문이다.

교실 솔루션

　　　　다음 시나리오를 살펴보자. 나옳아 선생님이 칠판에 문장을 쓰고 있다. 그런데 '그들의'라고 쓴다는 것을 '그들에게'라고 잘못 쓴다. 명석한 학생인 석진이가 이 실수를 발견하고 교사에게 지적한다. 나옳아 선생님은 한 번도 틀린 적이 없기 때문에 이렇게 대답한다. "잘했구나, 석진아. 그걸 알아채다니 기쁘다. 누가 수업에 집중하고 있는지 알아보려고 일부러 그렇게 썼단다."

이번에는 다른 시나리오를 살펴보자. 나인간 선생님이

칠판에 문장을 쓰고 있다. '그들의'라고 쓴다는 것을 '그들에게'라고 잘못 쓴다. 명석한 학생인 두진이가 실수를 찾았고 교사에게 지적한다. 나인간 선생님은 이렇게 대답한다. "두진아, 네 말이 맞아. 내 실수야. 알려줘서 고마워." 이 교사는 실수를 정정한다. 그러고나서 이를 '그들의'와 '그들에게' 두 어휘의 적절한 사용에 관해 이야기를 나눌 수 있는 학습 계기로 사용한다.

이제 두 시나리오를 분석해보자. 나옳아 선생님은 자신의 실수를 아이들에게 숨기는 것을 선택했다. 아이들에게 교사가 의도적으로 실수한 것처럼 믿게 만들었다. 즉, 학생들 앞에서 실수를 인정함으로써 얻게 될 이익을 얻지 않기로 선택했다. 하지만 몇몇 교사들이 실제로 아이들이 실수를 찾아낼 수 있는지 보기 위해 의도적으로 실수하는 것도 사실이지 않은가? 물론이다. 그런데 이러한 교사들은 대개 처음부터 다음과 같이 말한다는 점에서 차이가 있다. "지금부터 내가 칠판에 쓰는 문장 중 몇개의 실수가 있을 겁니다. 그러니 실수가 무엇인지 찾을 수 있도록 주의를 집중해요."

나옳아 선생님은 대체로 자신의 실수를 아이들 앞에서

인정하지 않는다. 사실상 교사 자신도 답이 무엇인지 확신하지 못하는 문제를 아이들이 물어볼 때, 항상 이렇게 대답한다. "음, 나는 답을 알고 있지만, 너희가 더 조사하고 너희만의 답을 찾길 바란다. 답을 알려주는 것은 너희에게 다 떠먹여주는 것과 같기 때문이야." 어떠한 아이도 나옳아 선생님이 실수를 인정하는 것을 본 적이 없다. 따라서 그 교실에서는 어떠한 아이도 실수해도 괜찮다고 느끼지 않는다.

나인간 선생님은 반대로 접근한다. 이 교사는 아이들에게 곧바로 실수를 인정함으로써 긍정적인 역할 모델이 되기로 선택한다. 그런 후 실수를 인정하는 것 이상으로 나아가기를 선택한다. 실수를 '그들의'와 '그들에게'의 적절한 사용을 강조할 수 있는 가르침의 기회로 삼는다. 나인간 선생님의 교실에서 아이들은 모든 사람은 실수를 할 수 있고, 그래도 괜찮다는 것을 알고 있다. 옳은 일을 하고 자신의 실수를 인정하기 위해서는 성숙함 또한 필요하다는 것을 배운다. 그러므로 나인간 선생님의 교실에서 아이들은 자유롭게 참여하고, 그들 자신의 인간다움, 즉, 실수를 하는 두려움 때문에 안절부절못하지 않는다.

꼭
짚어보기

　　　　요컨대 교사도 인간이고, 우리 학생들은 교사의 인간적인 면을 통해 배울 필요가 있다. 때로 실수하는 것은 좋은 일이다. 그리고 다른 이들에게 자신의 실수를 인정하는 것을 배우는 일도 필요하다. 실수할 수 있다는 것을 인정함으로써 자신의 배움과 성장에도 도움이 된다는 것을 발견한다!

35

학생과 눈을 마주쳐라

✳
✳
✳

생각 열기

　　한 강연자가 교사 청중 앞에 서서 일부러 청중의 머리 바로 위를 바라보았다. 그는 교사들과 눈도 마주치지 않고 강연을 해나갔다. 바닥을 내려다보거나, 옆을 보기도 했다. 눈으로 그 공간 전체를 훑었어도, 결코 눈을 마주치지는 않았다. 청중은 강연자가 무엇을 보고 있는지 궁금해서 위, 아래, 옆, 뒤를 둘러보다가, 강연자가 자신들에게 관심이 없다는 것을 분명하게 깨달았다. 청중은 약간 혼란스러워하다가 어리둥절해

했고, 이내 강연에 관심을 접었다. 일단 교사들이 강연에 관심을 접자, 이제는 강연자가 집중하지 않는 이들과 눈을 마주치기 시작했다. 당연히 이 때문에 청중은 크게 불쾌해했다. 마침내 강연자는 청중을 속였다고 털어놓았다. 교실에서 긍정적인 눈맞춤이 거의 없는 교사와 함께하는 아이들의 입장을 역지사지로 겪어보게 한 것이다. 강연자가 드러내고자 했던 핵심은 눈맞춤의 중요성이었다. 이내 강연자는 말했다. "여러분도 아시다시피, 가르친다는 것은 사람을 상대하는 직업으로, 인간관계를 기초로 합니다. 여러분이 관심을 가지고 있다는 것을 학생들이 믿지 않는다면, 학생들은 여러분이 가르치고자 하는 어떤 것에도 흥미를 보이지 않을 겁니다."

즉, 우리의 학생들을 가르칠 수 있으려면, 학생들이 우리에게 중요하다는 점을 그들에게 알리면서, 유대관계를 형성해야 한다. 그리고 학생이 교사에게 중요하다는 것을 직접 전하는 가장 좋은 방법 중 하나는 학생과 긍정적인 눈맞춤을 하는 것이다. 또한 긍정적인 눈맞춤의 본보기를 보임으로써, 즉 학생에게 말하거나 들을 때—이는 종종 끄떡거림을 수반하는데—골똘히 학생을 쳐다보면서, 학생들 또한 이런 똑같은 방법을 발전시키도록 도울 수 있다.

교사들은 가끔 자신도 모르게 교실의 한쪽만 보면서 가르친다. 그때 교사의 눈은 학급의 앞쪽이나 중간 지점에 초점을 맞추게 된다. 교사가 편하게 여기는 영역 외곽에 있는 아이들은 무엇인가 잘못을 할 때야 교사와 눈을 마주치게 된다. 그때 아이들은 교사의 무서운 시선을 받는다. 그래서 그들은 교사와 다시는 눈을 맞추지 않게 된다. 이런 유형의 교실에서 우리가 종종 듣게 되는 못난 표현은 다음과 같다. "내가 너희에게 말할 때면 나를 봐야지!" 물론 이는 눈맞춤의 중요성을 본보기로 삼기에 올바른 사례가 아니다.

흔히 범하는 또 다른 실수는 교사들이 바쁘다는 사실에서 비롯한다. 그들은 늘 무언가를 하고 있고, 종종 그 "무언가"는 서류 업무를 포함한다. 교사가 골똘히 서류를 쳐다보고 있을 때, 한 아이가 질문을 들고 찾아온다. 교사는 서류에서 눈을 떼지도 않고 아이의 질문에 답한다. 이것은 엄청난 실수다! 아무리 바쁘다 할지라도 일을 잠시 멈추고 교사를 필요로 하는 아이들과 눈을 마주치지 못할 정도로 바쁜 것은 결코 아니지 않은가. 교실에 있을 때 이 점을 분명히 기억하길 바란다.

**교실
솔루션**

자신의 눈맞춤 기술에 대해 평가해보자. 우선 하루 동안 의식적으로 아이들과 긍정적으로 눈을 마주쳐보자. 아이들이 들어올 때 인사하며 맞이하고, 가르치면서도 모든 학생을 의도적으로 바라보고, 질문을 하거나 정보를 나누는 학생들을 바라보라. 이렇게 하는 것이 약간 이질적이거나 이상하게 느껴진다면, 자신의 눈맞춤 기술에 대해 노력할 필요가 있다는 점을 깨닫게 될 것이다. 또한 화났거나 혹은 좌절감을 느낄때, 아이를 빤히 내려다보지 않도록 매우 조심해야 한다. 화난 기색이나 절제하지 못하는 모습 대신, 실망과 걱정을 표출하는 진지한 방식으로 아이를 쳐다보는 것을 제안한다. 진지한 눈맞춤은 부정적인 눈맞춤과 다르다. 긍정적인 눈맞춤에 꽤 능숙해졌다 하더라도, 교실에서 너무 과한 정도의 긍정적인 눈맞춤이란 없다. 사실 좋은 눈맞춤이란 동시에 좋은 훈육 방법이기도 하다. 대부분의 아이들은 교사가 아이들을 보는 동안에는 낯선 행동을 하지 않는다. 그러니 아이들을 자주 보고, 항상 주의 깊게 듣자.

꼭 짚어보기

요컨대 긍정적인 눈맞춤은 아이들과 긍정적인 관계를 형성하는 초석이 된다. 부정적인 눈맞춤은 아이들과의 관계를 파괴하는 발판이 된다. 심각한 눈맞춤을 부정적인 눈맞춤과 혼동하지 않아야 한다. 그러니 긍정적인 눈맞춤을 연습하자. 그러면 부정적인 눈맞춤을 할 필요가 없다. 정말로 어쩔 수 없을 때에만 심각한 눈맞춤을 하게 될 것이다(교사생활 초기에는 거울을 보고 8자를 그려가며 시선 돌리는 연습을 하는 것도 좋다. 교생이 오면 연습하도록 안내하기도 한다—옮긴이 주).

저를 봐주세요

저를 보고 제가 알게 해주세요

선생님이 듣고 계시고 제게 신경 쓰고 있다는 것을!

선생님이 진심이라는 것을 알게 되면, 저 역시

선생님을 곧바로 다시 보게 될 거예요!

ЗБ

시작종부터 끝종까지 가르쳐라

✷
✷
✷

생각 열기

한 교사가 이런 이야기를 나누었다. "어제 일처럼 기억해요. 교직 첫해였어요. 아이들에게 '종이 울릴 때까지 1분 30초밖에 안 남았네. 너희가 조용히 한다면, 할 일을 아무것도 더 이상 주지 않을게'라고 말했어요." 당연히 교실에서는 혼란스러운 상황이 이어졌고, 교사는 환멸을 느끼며 생각했다. '이것 보라고! 아이들에게 특혜를 주어서는 안 된다니까. 이 아이들은 이용해먹기만 한다고!'

이 교사가 미처 깨닫지 못한 것은, 다음 사실을 알았더라면 이 모든 혼란스러운 상황을 피했을 거라는 점이다. 즉, 어떤 연령의 아이에게라도 아무것도 하지 않을 시간을 잠시나마 준다면, 그 아이는 언제나 자신이 할 무언가를 찾아낸다. 그리고 거기에 건설적인 일은 거의 포함되지 않는다. 이 교사는 그날 귀중한 교훈을 배웠다. 즉, 시작종에서 끝종까지, 아이들을 할 일이 없는 상태로 결코 내버려두지 않아야 한다!

**교실
솔루션**

학생들이 시작종에서 끝종까지 계속 바쁘게 움직이게 하려면 어떻게 해야 할까? 가장 간단한 방법은 시간이 너무 많이 들지 않는 활동을 짜는 것이다. 예를 들어, 30분짜리 활동을 계획한다면, 몇몇 학생은 15분 만에 마치고, 다른 학생들은 30분이 걸리거나 더 걸릴 수도 있다. 이는 많은 학생이 할 일이 없게 된다는 것을 뜻한다. 그러면 대체로 교사는 이런 말에 의존한다.

"도서관 책을 읽고 있으렴." 그러나 가장 성공적인 교사는 빠르게 끝낼 수 있고 모든 학생을 참여시키는 간단한 활동을 계획한다. 학생들이 바쁘면, 낯선 행동을 할 가능성이 줄어든다는 것을 알고 있기 때문이다. 이들은 심지어 학생들이 낯선 행동을 떠올릴 시간조차 주지 않는다. 이들의 수업에는 적당한 속도가 있어서, 한 가지 활동은 다른 활동으로 빠르게 이어진다. 학생들은 의논하고, 문제를 해결하며, 공부하고, 뭔가 활동을 한다.

학생들을 계속 바쁘게 하고 참여하게 하는 활동을 계획하는 것과 관련해 여기 몇 가지 조언이 있다.

- ☑ 학생의 인풋과 참여를 가능하게 하는 학습자 주도적인 활동을 계획하라.
- ☑ 간단하면서도 다른 활동으로 빠르게 넘어가는 활동을 계획하라.
- ☑ 논의 내용을 모든 아이가 참여할 수 있도록 구조화하라. 흥미 있고, 솔깃하여 참여할 수 있게 안내하라.
- ☑ 학생 모두가 모둠 내에서 구체적인 목적을 갖도록 모둠 활동을 계획하라.

☑ "만약"을 위해 한두 가지 정도의 추가 활동을 항상 미리 계획하라.

☑ 과제를 일찍 마치는 아이를 위해서 항상 의미 있는 활동을 마련해두라.

이것은 한 교사가 학생의 적극적인 참여를 유도하는 간단한 방법을 공유한 것이다. 그는 말했다. "저는 수업 계획을 쓸 때 모든 문장을 '학생들은 ~할 것이다'라는 문구로 시작해요." 얼마나 훌륭한 생각인가! 수업 계획의 모든 문장에 이를 적용한다니. 각각의 문장을 '학생들은 ~할 것이다'라는 문구로 시작하면, 확실하게 학생들을 적극적으로 참여시킬 수 있다.

꼭
짚어보기

활동적인 학생 참여는 낯선 행동을 줄어들게 한다(학습 활동 중 학생들이 좋아하는 음악을 틀어주면 일찍 끝낸 아이들은 음악에 집중하며 즐길 수 있어서 조용한 분위기를 유지하는 데 큰 도움이 된다—옮긴이 주).

저를 계속 바쁘게 해주세요

바쁘게, 바쁘게, 선생님은 저를 바쁘게 해요
너무 바빠서, 어지러울 정도예요
하나에서 바로 다음으로 넘어가서
제가 하는 공부 외에는
다른 것을 생각할 겨를이 없고
딴 행동은 생길 틈이 없지요
공부하고, 하루 종일 공부해서
어떤 부적절한 짓도 할 시간이 없죠
질문하고, 답하고, 알아내고, 배워서
제 점수는 상승곡선을 탈 거예요
선생님은 제가 매우 분주하게 참여하도록 하니
딴 행동을 할 시간이 없어요
깨닫기도 전에 일과가 끝나죠
선생님과 교실에서 배우는 건 정말 재미가 넘쳐요!

ㅋㄱ

웃고, 웃고, 또 웃어라

✳
✳
✳

생각
열기

웃을 것인가, 웃지 않을 것인가

첫날부터 미소를 숨기는 것이 낫다고 조언받은

나는 새내기 교사다

그리고 내게 그런 말을 한 선생님은

꽤 오랫동안 웃지 않은 게 확실했다

이마에는 깊은 주름이 졌고

그 선생님은 이제 돌이키기엔 너무 늦은 듯 보이네

나는 그 교사처럼 되고 싶지 않아

그래서 그 충고를 무시하겠어

그리고 그 교사에게 친절하게 대하는 학생들이

아무도 없다는 사실을 알아챘다

그 선생님의 학생들은 매일 수업 마치는 종이

울리자마자

드디어 끝났다! 외치며 그 교실에서 뛰쳐나가기

바쁘네

그러기에 나는 미소 지을 것이고 성공할 것이네

내 학생들은 행복한 교사를 만나게 될 거야

행복한 학생들이 바른 행동을 하게 되지

그리고 비참한 교사들은 비참하게 나이 든다네

신규 교사에게 위 시와 비슷한 충고를 들어본 적 있는
지 물어보라. 그러면 실제로 들어봤다고 말할 것이다. 분
명한 사실은 어떤 교사에게든 미소 짓지 말고 진지한 모

습을 보이라고 요구하는 것은 그야말로 잘못된 조언이라는 점이다. 우리 아이들은 삶에서 행복한 모습으로 살아가는 어른을 필요로 한다. 아이들은 선생님들이 행복한 미소를 짓는 것을 볼 필요가 있다. 그것도 자주!

훌륭한 교사와 그렇지 않은 교사를 가르는 한 가지 중요한 특징은, 훌륭한 교사는 학교에서 항상 미소 짓고 있다는 점이다. 또한 이들은 매일 학생들에게 긍정적인 본보기가 되는 중요성을 인식한다. 이는 훌륭한 교사가 부정적인 동료 교사보다 인간적인 약점이 더 적어서가 아니다. 그들의 생활이 더 편해서도, 혹은 부정적인 동료 교사들이 반박할지도 모르지만, 항상 최고의 예의 바른 학생들만 만나서도 아니다. 단지 훌륭한 교사는 힘든 상황 속에서도 웃는 것이 얼마나 중요한지 알고 있다는 뜻이다. 그들은 항상 자신에게 주어진 업무에 충실하면서, 어떻게 하면 전문가답게 보일지도 안다. 그러나 그들은 학생이 그릇된 행동을 해 훈육이 필요한 때 같은, 적절하지 않은 상황에서는 미소 짓지 않는다. 다음에 논의하겠지만, 훌륭한 교사가 거의 항상 미소를 짓는다는 사실은 확실히 학생의 낯선 행동 빈도수를 감소시킨다.

**교실
솔루션**

여기 최고의 교사들이 항상 실천하는 전략이 있다. 그들은 교사가 학생에게 미소를 짓는 동안에는 학생이 낯선 행동을 하기가 결코 쉽지 않다는 점을 알고 있다. 그것이 바로 훌륭한 교사들이 항상 미소 짓는 이유이다. 생각해보자. 누군가가 당신에게 미소를 짓고 있다면 그에게 그릇된 행동을 하기란 쉽지 않다. 그래서 우리는 미소 짓는 단순한 행동만으로도 여러분의 교실에서 학생의 행동을 극적으로 개선할 수 있다는 사실을 말하고 있다. 이는 업무가 추가되는 것도 아니고, 별도의 수업지도안을 작성할 필요도 없는 손쉬운 전략이다. 미소 짓는 일은 스트레스를 줄여주고, 긍정적인 학습 환경을 조성하며, 학생을 편안한 상태로 머물게 한다. 행복하고 차분한 환경은 기쁘고 생산성이 높으며, 예의 바른 학생들이 되도록 돕는다.

얼마나 자주 학생들에게 미소 짓고 있는가? 매일 미소 지으며 학생들에게 인사를 하는가? 수업 시간마다 미소를 띠면서 시작하는가? 미소를 지으면서 학생들을 격려하는가? 항상 미소를 띠면서 학생들에게 고마움을 표현하는가? 학생들이 교실을 떠날 때 항상 웃는 모습으로 보내는가? 그렇지 않다면 여러분에겐 해야 할 과제가 생긴 셈이다. 그렇지만 해낼 수 있다고 믿는다. 약간의 연습이 필요할 수도 있으나, 여러분은 할 수 있다! 처음에는 조금 어색할 수 있지만, 할 수 있다고 믿는다. 미소 짓고 또 미소 지어서 나쁠 것은 하나도 없다.

꼭 짚어보기

자주 얼굴을 찌푸리는 교사와 늘 미소 짓는 교사를 떠올려보라. 같은 상황에서 우리는 어느 쪽을 선택할 것인가. 웃음이 학생을 대하는 여유이자 관심과 호감을 뜻한다면, 답은 명백하다. 아울러 여러분에게 조언의 시 한 편도 드린다.

교사의 미소

항상 미소 짓자, 그러면 성공적인 삶을 살게 될 것이니
여러분의 학생은 행복한 교사를 목격하게 될 것이고
행복한 학생은 이상한 행동을 하지 않을 것이고,
우울한 교사들은 우울하게 늙어갈 것이기 때문이니!

38

긴박감 있게 가르쳐라

✳
✳
✳

생각
열기

심야 홈쇼핑 광고를 본 적 있는 가? 이런 홈쇼핑 방송에서 정말로 필요한 제품을 구매해 본 적이 있는가? 설령 구매한 적 없다 해도, 계속 시청하고 싶은 유혹에 빠진 경험이 누구나 있을 것이다. 이 홈쇼핑 광고가 우리를 꼼짝 못하게 하는 이유가 있다. 상품 광고 방송의 대중적 호소 비법 중 하나는 소비자에게 긴박감을 느끼게 만드는 것이다. "특별 혜택을 얻기 위해서는 앞으로 20분 안에 주문해주세요!" "선착순 500분께서는 노화 방지, 중력 감소, 주름 제거의 마법 상품을 한 개가 아니라 두 개 받으실 수 있습니다!" "그러나 기다리세요, 이게 다가 아닙니다!" 자, 요점을 파악했을 것이다.

훌륭한 교사의 가르침은 보는 것만으로도 이런 상품 광고를 보는 것과 비슷하다! 훌륭한 교사는 긴박감 속에서 가르친다. 그들은 내일 수업에서 학생들에게 어떤 미스터리가 밝혀질지 궁금하게 만든다. 학생들을 흥미를 끄는 문제로 유혹하면서 더 많은 것을 원하게 한다. 훌륭한 교사는 이야기꾼이며 배우이자 판매상이며, 이 모든 게 하나로 합쳐진 상품 광고 방송이다.

교실 솔루션

매일매일을 중요하게 보이게 하는 일은 적극적이고 품행이 바른 학생을 만드는 데 있어 매우 중요하다. 가치 있는 무엇인가를 놓치고 싶지 않다고 느끼면, 학생은 수업 시간에 늦는 일도 없고, 수업을 빼먹으려고 하지도 않는다. "오늘 내가 너희를 위해 준비

한 놀라운 것을 볼 때까지 기다려" 또는 "앞으로 너희가 30분 동안 얼마나 많은 일을 해낼 수 있을지 보고 싶어 못 기다리겠다", "오늘 너희에게 이것을 가르칠 수 있다니 너무 흥분된다. 왜냐면 오늘 우리 진짜 재미있을 거거든!" 같은 말로 수업을 시작하자. 물론 교사의 행동 또한 설레고 흥분한 것처럼 보여야 한다. 12장 '열정은 열정을 낳는다'에서 논의했듯이, 교사의 설렘은 학생의 설렘이 된다.

지금까지의 이야기와는 다르게, 교사가 심각한 표정을 지으면서 "134쪽 펴"라고 말하며 수업을 시작하는 모습을 상상해보자. 이것은 앞과 단순히 비교할 수도 없다. 너무 많은 교사가 자신이 하는 일에 애착이 없는 것처럼 보이며, 열정이 부족한 이 모습은 학생들에게 그대로 전해진다.

긴박감 속에서 가르치는 또 하나의 전략은 새로운 것을 가르칠 때 바짝 붙어서 가르치는 코치처럼, 교사가 실제로 적극적인 태도를 보이는 것이다. 여러분의 보디랭귀지가 가르치고자 하는 것에 관해 얼마나 스스로 열정적인지 보여주어야 한다. 목소리도 매한가지다. 어떤 주제에 상관없이, 먼저 신명 나야 하고, 말하고 행동하는 모든 것이 중요하고 설레는 것처럼 가르쳐보지 않겠는가?

꼭 짚어보기

긴박한 마음으로 가르치는 것은 학생을 이해시키고 좋은 행동을 하도록 하는 데 필수적이다. 학생들이 더 많이 배우기를 원하는가? 다음 날 다시 학교에 오는 일을 항상 열망하도록 만들고 싶은가? 그렇다면 걸어다니는 상품 광고 방송이 되어 매일매일 여러분이 가르치는 일을 판매하자. 그러면 학생들을 가르칠 때 그들의 마음에 진정으로 열의 있게 닿을 수 있다!

ᗱᑫ

실행하고 소화할 수 있게
가르쳐라

✳

✳

✳

생각
열기

만약 우리가 통 안에 있는 사탕 개
수를 세도록 요청받는다면, 쉽게 해낼 것이다. 보너스로
몇 개를 시식하는 것도 즐길 수 있다. 그러나 만약 우리
를 사탕으로 가득 찬 수영장 앞에 세워두고, 사탕 개수의
합계를 내라고 요구한다면, 아마 세려는 시도조차 안 할
것이다. 왜일까? 확실하게 그 일을 절대 성공적으로 완수
하지 못할 것이라고 느끼기 때문이다. 설령 그 일을 성공
적으로 완수한다 할지라도 시간이 너무 오래 걸릴 것이

다. 그리고 만약 도중에 어디까지 세었는지 잊어버린다면? 도중에 말이다. 얼마나 절망스러운가!

그런데 너무나 자주 학생들은 이와 똑같은 감정을 느끼고 있다. 특히 고군분투하는 학생들이라면 말이다. 우리 교사들은 사탕통 대신 수영장 앞에 아이들을 세워둔다. 그래서 아이들은 시작도 해보기 전에 포기한다! 더욱 심각한 것은 학생들이 공부를 포기하고, 성공에 미치지 못하는 이 상황을 은폐하기 위해 다양한 방식의 낯선 행동에 의존한다는 점이다. 만약 학생이 통 안의 사탕을 셀수 있다면, 아마도 수영장 안 사탕도 셀수 있을 것이다. 차이점은 한 과업은 성공으로 이어지지만, 다른 과업은 좌절로 이어지는 데 있다.

핵심은 같은 목표를 성취하는 동안 훨씬 나은 성공률을 보장하면서, 교사가 과제를 학생들이 할 만하게, 쉽을 만하게 만드는 것이다. 21장에서 우리는 '작은 단위의 학습으로 동기를 자극하라'라고 제안했다. 보다 더 큰 활동을 더 작고 성취할 만한 조각으로 나누어 가르치라는 의미이다. 이 39장에서는 학생이 성공할 수 있도록 한 번에 하나씩 단계를 구성하면서 학생 수준에 맞춰 가르치는 방법에 초점을 맞춰보겠다.

**교실
솔루션**

몇몇 학생에게 어떤 과제는 작은 정도라도 성취하기에 버겁다는 것을 기억해라! 예를 들어 학생이 한 문장을 쓸 수 없다면, 그에게 에세이 쓰기를 가르치는 일은 무의미하다. 에세이를 쓰기 위해 많은 문장을 사용할 수 있기 전에, 이 학생은 먼저 제대로 된 한 문장 쓰기부터 배워야 한다. 두말하면 잔소리다. 만약 학생이 더하기를 할 수 없다면, 구구단을 가르치는 것은 무의미하다. 곱셈을 할 수 있기 전에 더하기 하는 법을 알아야 한다. 만약 덧셈을 못하는 학생에게 조금이라도 곱셈을 가르치려고 시도한다면, 금방 포기할 것이다. 더 나아가 문제 행동을 하게 될지도 모른다. 그래서 작은 양을 가르치는 것으로는 충분하지 않다. 즉, 과업이 아무리 작더라도 먼저 소화할 수 있어야 한다는 것을 기억하라.

성취할 수 있는 부분으로 수업을 재구성하면, 가장 힘

들어 하는 학습자, 즉 학생을 포함해서 모든 학습자가 수업에 참여하도록 도울 수 있다. 먼저 힘들어 하는 학생에게 작고 소화할 만한 과제를 제시하자. 과제의 길이는 그들의 능력수준이 높아짐에 따라 증가할 수 있다. 하지만 어떤 과업이든 너무 길게 하지는 말자. 작은 양이 씹어서 소화하기에 가장 쉽다!

물론 이 개념은 교육과정에 기반한 과업에만 작용하는 것은 아니다. 효율적인 교사는 모든 일에서 작은 양이라는 기준을 사용한다. 예를 들어 만약 학생들이 차례를 지켜 이야기하기를 원하면, 학생들의 적절한 행동을 강화하기 위해 그 주간의 마지막까지 기다리지 않는다. 대신 먼저 작고 성취할 만한 목표를 설정한다. 예를 들어, 학생이 30분 동안 자기 차례가 아니면 말해서는 안 되는 활동을 시작한다. 일단 30분 동안 학생이 성공하면, 이 활동을 45분, 그다음은 한 시간으로 연장한다. 결국 학생은 긴 시간 동안 자기 차례가 아니면 이야기하지 않기에 성공한다.

여기 소화할 만하게 과업을 제시하는 또 다른 예시도 있다. 가령 출석률 높이기를 원한다고 해보자. 개근상을 주기 위해 연말까지 기다리지 말라. 그때까지 완벽하게 출석하는 학생은 거의 없을 것이다. 대신에 "여러분, 오늘이 모든 학생이 출석한 지 연달아 5일째라는 것을 알아챘나요? 참 놀랍네요! 덕분에 저는 여러분의 선생님이어서 정말 운이 좋다고 느껴요. 계속해서 우리가 연달아 10일 동안 성공할 수 있는지 봅시다" 이런 식으로 말하기 시작해라. 성공을 위해 작은 조각으로 분할한 기회를 제공하면 긴 성취 패턴으로 이어질 수 있다!

꼭 짚어보기

어떤 성공한 달리기 선수도 마라톤부터 시작하지는 않는다. 어떤 성공한 스키 선수도 가장 높은 산꼭대기에서 시작하지는 않는다. 성공은 목표를 향해 작고 지속적인 단계를 차곡차곡 밟는 것에서 온다. 유능한 교사는 매일 모든 것을 소화할 만하고 씹을 만하게 만듦으로써 학생을 성공하게 만든다. 먹을 때 작은 양이 소화를 위해 더 나은 것처럼, 배움에서도 작은 양이 성공을 위해 더 좋다!

40

다른 교사들에게
학생들을 칭찬하라

✳
✳
✳

**생각
열기**

부모가 아이의 좋은 행동을 강화할 수 있는 가장 강력한 방법 중 하나는 그 아이에 관해 아이가 들을 수 있는 거리에서 다른 어른들에게 자랑하는 것이다! 동료 교사의 자존감을 향상시키는 가장 강력한 방법 중 하나는 여러분이 그에 대해 교장에게 칭찬했다는 것을 그 교사가 발견하도록 하는 것이다. 바로 똑같은 일이 교실에도 적용된다. 학생의 행동이 향상되기를 원하는가? 학생의 좋은 행동에 관해 다른 사람들에게 자랑하라. 무엇보다 그 일을 여러분의 학생들이 있을 때 행하라!

교실 솔루션

방문객이 여러분의 교실에 들어오거나 교장이 교실로 들어설 때, "여기가 제가 자랑하던 교실입니다. 학생들이 날마다 줄을 서서 구내식당으로 조용히 이동하는 태도가 너무 자랑스러워요. 또한 이 반은 뛰어난 독서가들로 가득 차 있답니다"와 같이 말함으로써 이 기회를 긍정적인 행동을 강화하는 기회로 활용해라(전학 온 학생에게는 "너는 참 운이 좋은 아이구나. 내가 가르쳐본 제자 중 가장 훌륭한 반에 왔어. 환영한다"라고 말해주자─옮긴이 주).

다른 사람들에게 자신들을 칭찬하는 것을 학생들이 듣게 되면, 여러분과 학생들 사이에 오래 지속될 수 있는 유대감이 쌓인다. 그것은 또한 바람직한 행동이 일어날 확률을 증가시킨다. 여러분이 사용할 수 있는 또 다른 접근법은, 다른 사람에게 그들을 칭찬하고 있다는 것을 학생들과 공유하는 것이다. 예를 들어 "어제 다른 과학 선생님께 너희들에 대해 칭찬했어. 너희가 한 생물 프로젝트는 내가 지금까지 본 최상의 과제 중 하나였다고 말했단다. 너희들이 세부사항에 얼마나 주의를 기울였는지, 그리고 모둠에서 얼마나 함께 잘 활동했는지 다른 선생님들께도 알려줬지." 또한 학부모, 교장, 교감에게 그들에 대해 자랑하고 있었음을 반 학생들과 공유할 수도 있다.

꼭 짚어보기

과거든 현재든 자신의 학생들을 칭찬하고 있을 때, 진짜로 미래를 위한 씨앗을 심고 있다는 것을 기억해라. 학생들을 이미 여러분이 원하는 모습의 사람인 것처럼 대함으로써, 여러분이 자랑했던 그 학생들을 그들이 실제로 능가할 기회를 증가시키는 것이다!

41

관심 전환의 고수가 되어라

✳
✳
✳

생각 열기

　　　　　　　때로 행동을 바꾸는 가장 좋은 방법은 학생의 패턴을 바꾸는 것이다. 가장 좋은 방법 중 하나는 학생의 관심을 딴 곳으로 돌리는 것이다.

　부모는 아이들과 항상 이렇게 한다. 작은아이가 자신이 원하지만 가질 수 없는 것을 두고 칭얼대면, 부모는 주의를 딴 데로 유도해 관심을 다른 곳으로 돌린다. 수많은 치과에서 환자의 관심을 돌려 고통에 대한 두려움에서 벗어나게 하려고 진정효과가 있는 음악을 틀어놓는다. 승무원들은 공중에서 긴급상황이 발생했을 때 승객이 무엇을 해야 하는지 설명한 다음, 음악이나 기내 영화(항공사고 영화는 절대 포함하지 않지만), 음식과 음료를 제공함으로써 승객의 관심을 돌린다. 부동산 중개업자들은 이 집이 고객에게 얼마나 멋진 집이 될 수 있는지에 초점을 맞추고, 호화로운 이곳에서 사는 자신을 상상해보라고 하며, 부동산의 부정적인 세부 사항으로부터 고객의 관심을 돌린다! 투자 전문가들은 리스크와 손실 가능성보다 얼마나 많은 돈을 벌 수 있는지에 초점을 맞춘다. 그렇다고 해서 위험의 가능성을 경고하지 않는다는 것이 아니라, 이득의 가능성에 초점을 맞춘다.

이 모든 것이 우리가 '관심 전환'이라고 부르는 것으로, 적절히 사용되면 '관심 전환'은 교실에서 구조자 역할을 할 수 있다. 유능한 교사는 학생의 관심을 전환하는 데 있어 고수라고 할 수 있다.

**교실
솔루션**

        민희는 이야기하면 안 되는 상황에서 짝과 이야기하고 있다. 교사는 민희가 말하기 시작한 순간을 포착하고, 그저 민희의 이름을 부름으로써 관심 전환 전술을 사용하기로 한다. 민희는 곤경에 처했다고 생각하며 고개를 든다. 하지만 교사는 "나중에 너에게 물어볼 게 있는데 기억해줄래? 선생님이 잊어버릴지도 모르니 다시 한번 상기시켜줘"라고 말한다. 바로 이거다. 민희는 교사가 자신이 떠드는 것을 알아챘는지 아닌지 확신할 수 없다. 어쨌든 대개의 학생은 이야기하는 행위를 멈출 것이다. 나중에 교사에게 민희가 자신에게 물어보고 싶은 게 무엇이었냐고 상기시킨다면, 간단하게, "선생님이 어제 편의점에서 본 사람이 너였어?"와 같은 말을 지어낸다. 민희는 "어제 편의점에 안 갔어요"라고 말한다. 교사는 "아, 그럼 쌍둥이가 있는 모양이구나!" 하고 대답한다. 보시다시피 교사는 그냥 주의를 딴 곳으로 돌리려고 한 것이고, 학생은 그걸 절대 알아차리지 못할 것이다.

지수가 책상에서 일어나 다른 학생의 책상으로 가려고 한다. 이를 본 교사가 말한다. "지수야! 쓰레기 버리러 가는 길이니? 그럼 (종이 한 장을 주우면서) 여기, 이것도 쓰레기통에 대신 버려줄래? 우리 교실을 이렇게 깔끔하게 유지하도록 도와줘서 고맙구나!"

지수가 어디로 갈 거라고 생각하는가? 쓰레기통 쪽이다. 아이는 절대로 "아니요! 도형이가 제게 아주 몹쓸 표정을 지어서 그 아이를 때리려고 가고 있었어요!"라고 말하지 않는다. 다시, 또 하나의 성공적인 관심 전환이다.

꼭 짚어보기

때로 교실에서 잠재적이거나 실제적인 문제에 대처하는 가장 효과적인 방법은 관심을 전환해 학생의 패턴을 바꾸는 것이다. 이것은 부정적인 행동에 주의를 주지 않는 간단한 기법이다. 적절하게 처리한다면, 학생은 그런 일이 일어났는지도 모른다! 행동 전환에 몰입하고 싶다면, 관심 전환 기법을 적용하라!

42

생각하는 방식을 바꾸라

✳

✳

✳

생각
열기

　　　　　　　사람들은 보통 자신의 일에 관해
생각하는 방식을 바꿀 때까지는 자신이 하는 일을 바꾸
지 않는다. 음식에 대한 사고방식을 바꾸지 않는 한, 즉
음식의 종류, 음식의 양, 음식을 먹는 시간, 먹는 이유 등
을 다르게 선택하지 않는다면, 다이어트에 성공할 수 없
다. 지금까지 해결하지 못하던 것과 똑같은 방법을 써서
는 문제를 해결하지 못한다. 다른 접근법을 생각해야 한
다. 그러기 위해서는 문제를 다른 시각으로 보아야 하는

경우가 많다.

특정 과목을 좋아하지 않는 학생은 관점을 바꾸기 전에는 결코 그 과목을 좋아하지 않을 것이다. 이것이 교사로서 우리가 고려해야 할 점이다. 종종 우리는 학생들이 배우기 전에, 가르치려는 것에 관한 학생들의 생각 방식을 바꿔야 한다.

교실
솔루션

그렇다면 이제 이 주제에 관해 다른 접근법을 살펴보자.

시나리오 ①

5학년인 승우는 읽기를 싫어한다고 말한다. 승우가 책을 읽어야 할 이유가 있을까? 독서지도사가 될 것도 아닌데! 그런데 선생님은 그에게 읽기는 인생에서 중요하기 때문에 읽기를 배워야 한다고 말한다. 승우는 선생님이 자신의 마음을 모른다고 생각한다. 승우는 여전히 읽기를 싫어한다. 그것이 문제이다.

복도 건너편 반에서 공부하고 있는 승호는 5학년인데, 읽기를 싫어한다고 말한다. 그가 책을 읽어야 할 이유가 있을까? 독서지도사가 될 것도 아닌데! 선생님은 그에게 무엇이 되고 싶은지 물어본다. 승호는 카레이서가 되고 싶다고 말한다. 그러자 선생님은 모든 카레이서(그리고 모든 운전자)는 읽을 수 있어야 한다고 설득한다. 표지판 읽기, 계기판 읽기, 운전면허시험 합격 등에 관해 언급한다. 승호는 그런 식으로 생각해본 적은 한 번도 없었다고 인정한다. 선생님은 그가 읽기에 흥미를 느낄지도 모르는 자동차에 관한 책을 몇 권 권한다.

승우와 승호 중 누가 읽기에 관해 다르게 생각하기 시작했을까? 그리고 지금 누가 더 읽기를 제대로 하고 싶어 할까?

시나리오 ②

수현의 반은 2차세계대전에 관해 공부하고 있다. 수현은 항상 역사를 싫어한다고 주장해왔다. 이번 주의 활동은 2차세계대전에 관한 장을 읽은 후 그 장에 나오는 질문에 답하고, 워크시트 4개를 완성하고 비디오를 보며 메모하고 금요일 시험을 위해 수많은 날짜, 장소, 전투 등을 외우는 것이다. 수현에게 2차세계대전은 단순히 책 속의 지루한 역사 이야기일 뿐이다.

복도 건너 승연의 반은 2차세계대전을 공부하고 있다. 승연이는 항상 역사를 싫어한다고 주장해왔다. 승연의 반은 모둠으로 나뉘어 2차세계대전의 한 측면을 연구한 다음, 2차세계대전이 일어나지 않았다면 그들의 삶이 오늘날 어떻게 달라졌을지 판단해야 한다. 학생들은 과거의 사건이 현재에 영향을 미친다는 것을 함께 공부하고 토론하며 배우고 있다. 각 모둠에는 반 전체와 공유할 프레젠테이션 작성에 관한 일련의 지침을 준다. 승연이에게 이제 2차세계대전은 자신이 오늘날 알고 있는 세상을 형성하는 데 영향을 준 커다란 역사적 사건이다.

이제 수현이와 승연이 중 누가 역사에 대해 다르게 생각하기 시작했을까? 그리고 이제 누가 과거의 사건에 더 깊이 있는 관심을 가질까?

결론은 공부하는 내용이 학생과 관련이 없다면, 그들은 가르치려는 시도에 저항할 것이라는 점이다. 그런데 자신이 배우는 것이 개인적으로 영향을 미친다고 설득하면, 학생은 즉시 다르게 생각하기 시작한다! 교사가 학생의 생각을 변화시킨 결과, 학생은 실제로 배워야 하는 것을 배울 수 있다. 교사로서 우리의 주요 임무 중 하나가 이것이다. 즉, 학생들이 우리가 그들에게 주어야 할 모든 훌륭한 음식(지식)에 대해 더 배고파할 수 있도록 배움에 관한 학생들의 생각을 바꾸는 것이다! 많은 아이가 치즈소스로 교묘하게 위장하지 않으면 채소를 먹지 않는다는 것을 기억하자. 미식가 선생님이 되자!

43

초장에 문제의 싹을 잘라내라

✳

✳

✳

**생각
열기**

〈앤디 그리피스 쇼〉(미국 시트콤으
로, 배우 앤디 그리피스가 가상마을 메이베리에서 근무하는 보안
관을 연기했다. 미국의 오늘을 창조한 정신을 존중함으로써 미국
인의 내면과 장점을 소도시 마을을 통해 잘 구현했다는 평을 받는
다—옮긴이 주)는 미국 TV 역사상 가장 유명한 쇼 중 하나
이다. 인생에서 알아야 할 거의 모든 것을 앤디와 메이베
리 사람들로부터 배울 수 있다. 앤디 그리피스가 연기한
보안관 테일러는 차분하고 이성적인 목소리를 내는 역할

이다. 하지만 가장 기억에 남는 등장인물은 아마 그의 전설적인 상대역이자 부보안관인 바니 파이프일 것이다. 그는 차분함과 이성적인 목소리와는 정반대 입장이다. 바니의 가장 유명한 말 중 하나인 "초장에 싹을 잘라내야 해, 초장에!"라는 지혜는 이러한 대립 구도가 없었다면 불가능했다. 물론 여기서 그는 마치 봉오리의 싹을 뽑듯, 문제가 커져서 만개하기 전에 문제가 작을 때 다루는 것이 중요하다고 강조했다. 그의 조언을 교실 상황에 적용해보자.

교실
솔루션

가장 성공적인 교사는 사소한 문제가 발생했을 때, 이것이 더 큰 문제가 되거나 악화되기 전에 매일 습관처럼 확인하고 다루어서 "초장에 문제의 싹 잘라내기"를 해야 한다는 것에 동의한다. 우리 중 누구도 작은 문제가 고약한 문제로 발전하는 상황을 원하지 않는다. 다시 말해, 문제가 만개하여 교사로서 인내심이 한계에 다다르고, 학생의 성적이 폭락하고, 태도 문제가 악화되는 때가 되어서야 학생과 대화하기보다는, 작은 행동과 성적의 변화를 감지할 때 부모에게 도움을 요청하고 상담하는 것이 훨씬 더 쉬운 길이다. 또한 학생이 교실에 흥분한 상태로 들어왔을 때, 그 상황을 대수롭지 않게 여기지 않고 그 학생과 바로 개인적인 대화를 나누는 것이 훨씬 낫다. 이 상황을 외면하면 흥분한 학생이 기분 나쁜 상태에서 삐딱한 태도로 이어질 수 있는 사태를 방치하는 것이다(16장 '못 본 척하는 법을 배우라'에서 교사가 무엇을 못 본 척해야 하는지 다루고, 그러한 행동 리스트를 알아보았다. 여기서는 더 큰 문제로 발전될 소지가 있어서 못 본 척해서는 안 되는 심각한 문제들을 다룬다).

또한 문제에 대한 교사의 접근방식이 그 자체로 문제를 키우는 것이 되지 않도록 확실히 하는 것이 필수적이다. 수업을 중단하고 학생 한 명을 친구들 앞에서 모욕을 주는 것은 초장에 문제의 싹 잘라내기에는 효과가 전혀 없다. 사실 이러한 접근방식은 틀림없이 교실(정원)에 더 많은 사소한 문제(잡초)만을 더 자라나게 할 뿐이다!

훌륭한 교사는 잠재적인 문제점을 인지할 줄 알고 그것을 아예 초기에 제거한다. 그렇게 해야 학생들은 훈육 문제를 덜 야기한다. 사실 성공적인 교사와 그렇지 않은 교사 모두, 학생을 다룰 때 성공적이지 못한 교사가 겪는 도전과제를 똑같이 안고 있다. 다만 놀랍게도 성공적이지 못한 교사들에게는 아이들이 그저 아이들처럼 행동할 뿐이다. 그들의 생각과 달리, 성공적인 교사들이 항상 좋은 학생들만 맡기 때문에 성공하는 것이 아니다. 차이점은 바로 이거다. 성공적인 교사들은 매일 초기에 싹을 잘라내고, 바람직하고 아름다운 식물이 교실이라는 정원에서 잘 자라도록 주의를 기울인다.

44

학생의 꿈을 발견하라

✳

✳

✳

생각 열기

        모든 학생이 꿈을 가지고 있다는 것은 단순한 사실이다. 하지만 너무 많은 교사가 학생의 꿈이 무엇인지 알지 못한다는 건 참 슬픈 사실이다.

  한 교육 전문가가 문제해결에 도움을 주기 위해 도시 중심가에 있는 한 대규모 학교로 초빙되었다. 그 교육 전문가는 해당 학교의 교사들이 할 수 있는 모든 것을 시도하고 있으나 학생들이 따라주지 않는다는 이야기를 들었다. 지역 교육청에서는 마지막 수단으로 문제 행동 전문가 초빙에 의지했다. 교육 전문가는 해당 학교의 모든 교사들을 대상으로 수업관찰을 하게 해달라고 요청했다. 또한 자신의 수업관찰이 느닷없는 느낌이 들지 않도록 모든 교사가 사전에 통보받을 수 있도록 부탁했다. 교육 전문가는 또한 공개수업을 준비할 수 있는 시간적 여유를 주어 교사들이 최고의 수업을 보여줄 수 있기를 원했다.

그리고 시간이 지나 수업관찰이 시작되었다. 교실마다 딴짓하기, 떠들기 등 최악의 행동이 보였고, 종종 학생과 교사 간 불명예스러운 대화도 관찰되었다. 수업은 거의 이루어지지 않고 있었다. 거의 모든 교실에서, 수업 활동은 본문 읽기, 문제풀이, 학습지 작성하기, 필기하기 등으로 이루어졌다. 이런 수업에서 과연 학생들이 흥미를 느끼거나 참여할 수 있을까? 오직 한 수업에서만 교사로부터 열정과 에너지를 느낄 수 있을 뿐이었다. 그리고 당연히 이 교사에게는 학생의 훈육 문제가 없었다. 모든 학생이 사랑하는 바로 그런 교사였다. 반면에 동료 교사들은 경멸하는 그런 교사였다. 이 교사를 이행복 선생님이라고 부르도록 하자.

각 교실을 떠나기 전에 교육 전문가는 학생들과 "네

꿈은 뭐지?"라고 간단히 질문하는 대화 시간을 가졌다. 교사들에게는 놀랍게도(학생들의 꿈을 이미 다 알고 있는 이 행복 선생님만 제외하고), 학생들마다 제각각 꿈을 가지고 있었고, 심지어 공개적으로 기꺼이 그 꿈을 표현했다! 대부분의 교사는 고만고만한 학생들이 수의사, 간호사, 운동 코치, 심지어 교사가 되기를 희망한다는 사실을 전혀 예상치 못했다고 인정했다. 왜 이들은 몰랐을까? 학생들에게 묻지 않았기 때문이다! 특히 수의사를 희망하는 학생의 담임 교사 경우, 그 학생이 동네 동물병원에서 일주일에 세 번씩 오후마다 봉사 활동을 하고 있다는 사실에 놀라기도 했다. 담임 교사는 말했다. "그 학생이 평소 그런 생각을 품고 있었는지조차 몰랐어요!" 담임 교사가 시간을 내어 학생에게 묻지 않았는데, 어떻게 알 수 있겠는가?

교실 솔루션

학생의 꿈에 접근하지 않고는 학

생을 가르칠 수 없다고 한다면, 그리고 모든 교사 중 오직 한 교사만이 개인적으로 학생의 꿈에 관심을 가지는 데 아무 거리낌 없었다면, 해당 학교의 교사들이 학생들을 가르치는 데 어려움을 겪는 것은 당연했다. 심지어 교실에서 이루어지는 거의 모든 학습 활동이 그닥 교육적이지 않았다는 문제는 접어두더라도.

물론 이행복 선생님은 모든 학생의 꿈을 잘 알고 있었다. 인간 대 인간으로 학생들의 꿈을 알기 위해 기꺼이 시간을 투자했고, 모든 학생에게 개인적인 관심을 가지고 있었다. 또한 학생들이 수업에 적극적으로 참여할 수 있도록 면밀히 계획하였고, 학생들 또한 수업 시간에 적극적으로 참여하고 성공적이었다.

즉, 전략은 단순하고도 명료하다. 바로 학생을 알고, 한 인간으로서 그들이 누구인지 발견하는 것이다.

꼭
짚어보기

다시 묻는다. 여러분은 학생의 꿈

을 알고 있는가? 교과서와 공책 뒤에 숨은 제자들의 참모습이 보이는가? 학생들은 교사의 이런 관심을 알고 있는가? 학생 개개인을 진짜 꿈을 가진 하나의 인격체로서 대한다는 사실을 보여주기 위해 지금 혼신의 노력을 다하고 있는가? 이제 이행복 선생님이 되어 보길 바란다. 무엇보다 학생들의 꿈을 발견하라!(첫 수업 시간에 학생들에게 꿈, 관심사, 특기, 목표 등을 발표하게 하고, 이 자기소개 자료를 제출하게 하면 유용하다─옮긴이 주)

45
보디랭귀지를 활용하라

생각 열기

만약 교사가 화난 목소리로 "음, 잘하네!"라고 말한다면 정말 잘했다는 뜻일까? 당연히 아니다. 하지만 교사가 미소 띤 얼굴로 흥분한 동작을 취하면서 "음, 잘하네!"한다면, 그게 무엇이든 정말로 잘해서 행복하고 기쁘다는 말이다. 즉, 같은 말이지만, 다른 보디랭귀지를 보여준다. 만약 "아니요"라고 말하는 것처럼 머리를 좌우로 흔들며 "예"라고 한다면, 이것은 "예"일까, "아니요"일까? 판단하기 어렵다. 졸업무도회를 위해 멋진 정장으로 갈아입은 아들을 본 어머니가 "어머, 이게 누구야!"라고 말한다. 이제 이 어머니가 아들이 흙 투성이가 되어 거실에 들어오는 것을 보고 "어머, 이게 누구야!"라고 말한다. 한 번은 어머니가 기뻐하고 다른 한 번은 화를 내지만, 말은 같다. 말보다 행동이 중요한 대목이다. 인생에서도 그렇고, 우리 교실에서도 그렇다.

교사와 학생 간에 생기는 약간의 대립은 일상적인 일이다. 교사에게는 집에 가서 생각날 정도의 큰일도 아니다. 교사는 자신의 보디랭귀지는 고려하지 않고, 그저 자신의 말만 생각하기 때문이다. 그러나 정작 학생은 교사의 화난 표정을 읽느라 바빠서 교사의 말은 정확히 듣지 못한다. 다음 날 화가 치민 학부모가 교무실에 와서, 교사가 하지도 않은 말을 두고 비난한다. 교사는 그런 말을 한 적이 없다고 해도, 교사의 표정과 몸짓, 즉 보디랭귀지는 분명히 그렇게 말했던 것이다.

학생들은 교사의 말보다 보디랭귀지에 훨씬 더 민감하다. 유능한 교사는 이 사실을 알고 교실에서 항상 자신의 보디랭귀지에 유의한다.

이해가 잘 안 된다면, 집에 있는 반려견이나 지인이 키우는 개를 보고 웃으면서 매우 반가운 듯 머리를 쓰다듬고, 한껏 즐거운 톤으로 "나쁜 녀석, 나쁜 녀석"이라고 말해보자. 개는 그저 말투를 듣고 몸짓을 읽기 때문에 자신이 칭찬받고 있다고 생각할 것이다. 개에게 단어는 아무 의미가 없다. 동물에게나 사람에게나 무엇을 말하는지는 그다지 중요하지 않다. 말을 하는 방식, 특히 말할 때 보이는 모습이 더 중요하다.

또 하나의 예를 들어보자. 부모가 10년을 매일같이 "정직이 최우선"이라고 말하다가 자녀 앞에서 딱 한 번 거짓말을 하면, 자녀는 10년간의 말이 아니라, 그 행동을 보고 배운다. 다음에 아이가 거짓말을 해서 부모가 훈육하면, 아이는 분명 "엄마, 아빠도 그랬잖아요!" 할 것이다. 부모라면 다 아는 사실 아닌가?

**교실
솔루션**

행동은 분명히 말보다 강하다. 너무도 많은 교사가 이 사실을 깨닫지 못한 채 어려움을 겪는다. 학생들이 교사의 말보다 행동에 훨씬 더 민감하다는 사실을 직시하자. 화가 났을 때는 행동하지 말고, 학생에게 화가 난 티를 내지 말고, 절대 노려보지 않아야 한다(이런 상황에 부딪히면 전나무숲을 천천히 걷는 모습을 상상하며 심호흡한다. 아이들은 교사의 행동을 보고 차분해진다—옮긴이주). 이런 행위는 통제력이 아니라, 통제력 상실을 보여주기 때문이다(50장 '어리석은 자만이 흥분한다'를 참조하라).

비결은 끊임없이 자신의 보디랭귀지를 의식하고, 항상 평정을 잃지 않는 전문가다운 보디랭귀지를 갖추는 것이다. 우리 모두, 최고의 교사들까지도, 교실에서의 보디랭귀지를 개선할 여지가 있다. 수업할 때 너무 심각해 보이는 교사가 많은데, 매일 매 순간 자신이 하는 일을 좋아하고 자제력을 갖춘 즐거운 교사로 보이는 것이 더욱 중요하다.

그러니 보디랭귀지를 연습해보자. 수업을 녹화하라. 그러고나서 녹화를 관찰해보라. 자신 말고 다른 사람에게 보여줄 필요는 없다. 수업 중 실제 느낀 것에 비해, 영상 속 나의 모습은 그다지 행복하거나 열정적으로 보이지 않을지 모른다. 웃는 횟수도 세어보고, 학생들에게 긍정적인 말을 한 횟수도 세어보자. 학생들의 반응을 살펴보면 많은 것을 배울 수 있다. 녹화까지 해볼 정도로 용감하지 않다면, 매일 행동에 주의하도록 노력이라도 하자(휴대폰으로 음성녹음하는 것도 좋은 방법이다. 교직생활 초반에 휴대용 녹음기로 수업을 녹음해 방과후에 여러 번 듣고 반성했다. 아이들 반응이 좋은 것은 늘리고, 썰렁한 것은 줄여가는 방식을 썼다─옮긴이 주).

꼭 짚어보기

행동은 말보다 더 크다. 다시 강조하지만, 학생들은 교사가 하는 말을 듣기보다는 교사의 행동을 훨씬 더 많이 본다. 따라서 교사는 더욱 즐거운 기분으로, 더 긍정적으로 행동해야 한다. 학생들은 긍정적인 교사에게 더 잘 반응하며 바르게 행동한다. 그날의 교실 분위기를 결정하는 것은 교사이다. 좋은 교실 분위기를 만들자!

45 | 보디랭귀지를 활용하라

46

때로 지쳤을지라도
괜찮은 척 열정을 보여라

*

*

*

생각 열기

　　　　　　　　수술을 집도하는 외과의사에게 확
풀어져도 되는 날이 있을까? 휴가일이 아니라, 수술실에
서 최선을 다하지 않아도 되는, 그저 대충 수술해도 되는
날 말이다. 분명 그런 날이 없기를 바란다. 운행 중인 항
공기 조종사에게 확 풀어져도 되는 날이 가능할까? 조종
할 때 주의를 기울이지 않아도 되는 날 말이다. 그런 날
은 당연히 없어야 한다. 그렇다면 교사는 어떤가. 교실에
서 확 풀어져도 되는 날이 허용될까? 답은 물론 "없어야

한다"이겠지만, 우리 주위에는 교실에서 확 풀어진 날을 더 많이 보내는 교사들이 있다. 동시에 이들은 "오늘은 어때요?"라고 물어보면 결코 긍정적인 대답이 나오지 않는 교사들이다. 부정적인 답변을 듣고나면 사실 괜히 말을 걸었다는 생각이 든다. 이들은 "학급 학생 중 몇 명만 덜어낼 수 있다면, 새로운 교장이 온다면, 오늘이 금요일이라면, 수당을 더 받는다면, 수업 준비를 할 필요가 없다면, 교직은 할 만한 일"이라고 말한다. 그러나 학급에서 몇 명을 덜어내도, 새로운 교장이 와도, 그들은 여전히 부정적일 것이다. 그리고 이런 교사들은 대개 동료들보다 학생들과 있을 때 더욱 부정적이다.

반대로 유능한 교사에게 하루가 어떤지 물어보면, 현재 상황이 어떻든 늘 미소 띤 얼굴로 "좋아요! 선생님은요?"라고 답할 것이다. 그는 '교사'이자 '역할 모델'로서, 무엇보다 '교육 전문가'라는 위치의 중요성을 알고 있다. 즉, 가장 단순한 사실 하나를 이해하고 있다. 현재 어떤 환경에 있든, 집에 무슨 일이 있든, 학교에서 무슨 일이 있든, 얼마나 피곤하든, 교육 전문가의 이름으로 학생들을 위해 행복하고 열정적인 모습을 보여야 한다는 것 말이다.

46 | 때로 지쳤을지라도 괜찮은 척 열정을 보여라

**교실
솔루션**

유능한 교사처럼, 무슨 일이 있어도 전문가답게 행동하는 게 바로 이를 행하는 전략이다. 교사로서, 전문가로서, 제대로 일하기 위한 몇 가지 방법이 있다.

☑ 매일 아침 출근길, 얼굴에 미소를 짓자. 그리고 온종일 유지하도록 연습하자.

☑ 모든 이에게 친절하게 인사하자.

☑ 학생들에게 좋은 본보기가 되어야 한다는 것을 매일 기억하자.

☑ 무엇이든 열정을 다해 가르치자.

☑ 남에 대해 부정적으로 말하지 말자.

☑ 불평하지 말자.

☑ 동료들에게 피곤하고 일이 너무 많다고 절대 말하지 말자. 피곤한 건 모두 마찬가지다.

☑ 문제를 들춰내지 말고, 문제를 해결하는 사람이 되자.

일이 잘 풀리는 날에 행복하고 전문가다운 모습을 보이는 것은 어렵지 않다. 하지만 안 풀리는 날에도 행복하고 열정적이고 활기차고 전문가답게 보일 수 있을까? 쉽지 않다. 그러나 오늘은 반드시 모든 용기와 힘을 모아 괜찮은 척 일을 해내야 하는 그런 날이다. 만약 그렇게 할 수 없다면, 학교에 오지 말아야 한다.

가르치는 것은 물론 피곤한 일이다. 하지만 온종일 그렇게 부정적으로 생각하고 있으면 긍정적인 태도로 있을 때보다 훨씬 더 피곤하다. 때로는 업무가 과중하게 느껴지고, 회의는 끝나지 않을 것 같고, 새롭고 혁신적인 교수법은 계속 쏟아져나오고, 무엇보다 학생들은 끊임없이 교사를 찾을 것이다. 이는 교사로서, 역할 모델로서, 미래에 영향력을 미치는 사람들로서 우리 모두가 직면하는 도전이다. 그러니 진정한 전문가답게 이 도전을 받아들이자!

47

작은 죄책감이
오래가고 효과적이다

* * *

생각 열기

낯선 행동을 하는 모습이 교사에게 포착될 때, 학생은 보통 두 가지 감정—죄책감이거나 분노이거나—중 하나를 느낀다.

그런데 이 감정은 낯선 행동에 대한 교사의 최초 반응에서 생겨나는 경우가 많다. 만약 교사가 화를 내면, 학생은 화로 반응하기 쉽다. 하지만 분노 대신 죄책감을 느끼면, 학생의 행동은 상당히 달라진다. 죄책감을 느끼는 학생은 죄책감을 일으킨 그 행동에서 개선될 가능성이 매우 크다.

　종종 분노를 느끼는 학생은 자신의 행동이 어떤 결과로 이어질지 염두에 두지 않고, 자신의 행동을 방어하는 데 몰두하기가 매우 쉽다. 낯선 행동을 계속하는 것에 그치지 않고 더욱 악화될 것이 뻔하다. 바로 "내가 본때를 보여주겠어!" 하는 태도다.

　자신의 행동에 대해 일말의 죄책감을 느끼도록 도와주면 학생의 행동에 개선효과가 있다. 반면 학생의 행동을 두고 학생을 분노하게 하면 십중팔구 행동을 악화시킬 뿐이다.

**교실
솔루션**

　　　　교실에서 죄책감 전략을 이용하는 것에 관해 말하기 전에, 학생에게 창피를 주는 것을 옹호하는 게 아니라는 점을 확실히 하고 싶다. 학생에게 약간의 죄책감을 주는 것은 학생에게 굴욕감을 주는 것과는 상당히 다르다. 약간의 죄책감을 느끼게 하는 것은 도움

47 | 작은 죄책감이 오래가고 효과적이다

이 되지만, 굴욕감을 주는 것은 해가 된다. 이것을 명확히 해두자. 이제 매우 다른 두 교실을 들여다보도록 하자.

ㄱ교사가 학교에 결근해서, 한 대체교사가 그 자리를 대신한다(미국에서는 교사가 결근하면 교육청에 소속된 대체강사 인력팀에서 지원이 나온다―옮긴이 주). 그날 ㄱ교사의 천사들은 악마가 된다. ㄱ교사는 학교에 돌아온 후 자신이 결근했던 날 학생들이 보인 바람직하지 않은 행동에 관해 알게 된다. ㄱ교사는 그것에 관해 생각해보고, 오래된 죄책감 전략을 써보기로 한다. ㄱ교사는 이렇게 말하면서 수업을 시작한다. "어제 어떤 일이 있었는지 굳이 말하려고 하지 말아. 이미 다 알고 있고, 마음이 아프다. 어젯밤 그 일을 생각하느라 잠을 잘 수 없었는데, 아마 오늘 밤도 못 잘 것 같다. 단지 너무 실망했을 뿐이야. 여러분 가운데 그 누구라도 어제 했던 식으로 행동할 수 있었다는 게 믿기 어렵고, 그게 가장 마음 아파. 그 안쓰러운 선생님이 견뎌내야 했던 걸 생각만 해도. 그리고 여러분, 내 훌륭한 학생들이 그렇게 참을 수 없는 일을 빚어냈다니 말이다. 이제 그 일에 관해 더 얘기조차 할 수 없다. 그러니 우리, 수업을 시작하자." ㄱ교사가 다른 이야기를

하기 전에 학생들은 사과하기 시작하고, 어떤 학생은 눈물을 글썽거린다. 학생들이 이제 자신이 한 일에 대해 죄책감을 느끼기 때문이다.

방금 무슨 일이 일어났는지 보이는가? 교사는 화를 내지 않았다. 오히려 상처받고 실망했다고 말했다. 학생들은 교사를 화나게 한 것이 아니라, 교사의 마음에 상처를 주었다. 그리고 교사가 항상 자신의 학생들을 사랑과 존중으로 대했기 때문에, 아이들도 그 보답으로 교사를 사랑하고 존중한다. 학생들은 선생님을 실망시켰다는 생각에 큰 충격을 받는다. 교사가 재촉하지도 않았는데 대체교사에게 사과편지를 쓰자고 의견을 모은다. 학생들은 자신이 정말 미안해 하고 있다는 것을 교사에게 확실히 알려주었고, 또한 진실로 미안해한다. 얼마나 놀라운 인생수업인가!

ㄴ교사가 결근한다. 그리고 대체교사가 그 자리를 대신한다. ㄴ교사의 별로 착하지 않은 학생들은 그날 악마 이상이 되어버린다. ㄴ교사는 학교에 돌아와서는 자신이 없던 날에 학생들이 보여준 결코 바람직하지 못한 행동에 관해 알게 된다. 그 일에 관해 어떤 고려도 하지 않고

ㄴ교사는 맹렬히 학생들을 비난한다. 학생들은 교실에 들어서자마자 분노에 차서 노려보는 교사의 눈빛을 만난다. 일단 모두가 자리에 앉자마자, ㄴ교사는 말한다. "그래, 너희들은 이제 뭐라고 말해야 할까?" 누구도 입을 열지 않는다. 그 누구도 교사와 눈을 마주치지 않는다. 모든 학생들의 눈은 아래를 향한다. 교사는 계속한다. "누구라도 어제 도대체 어떤 일이 있었는지 정확하게 털어놓고 말하는 게 좋을 텐데!" 다시 아무 대답도 없다. 교사를 쳐다보는 학생도 없다. 교사는 더욱더 화가 나서 이렇게 말한다. "나는 너희들이 한 일을 정확히 알고 있고, 너희들이 한 일에 대해서 모두 큰 대가를 치러야 할 거야! 너희들 때문에 그 선생님이 눈물을 흘리며 학교를 떠났다는 것을 알고 내 마음이 어땠을 거 같니?" 그러고나서 그다음 단계로 교사는 특정 학생들을 불러세워서 그들의 부적절한 행동에 대해 모욕감을 준다.

그 아이들은 당연히 이렇게 말한다. "왜 저한테만 그러세요!" 전체 학생들은 여러 가지 처벌을 받는다. 교사는 아이들을 고생시키는 새롭고 더 나은 방법이라고 생각하지만, 겨우 몇 가지 즉흥적인 처벌에 지나지 않을 뿐이다. ㄴ교사는 학생들을 존중이나 품위를 가지고 대해 본 적이 거의 없기 때문에, 학생들은 ㄴ교사가 보이는 이런 식의 반응에 익숙하다. 학생들은 전날 자신들이 한 행동에 대해 전혀 뉘우치는 기색이 없다. 왜냐하면 아이들은 굴욕감에 빠져 있느라 정신없고, 이 감정은 복수심까지 불러일으킨다. 얼마나 끔찍한 인생수업인가!

꼭 짚어보기

첫 번째 시나리오에서 보는 것처럼, 작은 죄책감이 더 오래가고 효과적이다. 하지만 이 전략을 절대 남용해서는 안 된다. 만약 어떤 학생이 적절치 못한 행동을 할 때마다 전략을 쓰면, 그 학생은 곧 면역을 갖게 되고, 결국 교사를 진지하게 생각하지 않는다. 그러므로 전체 전략이 효과를 잃어버린다. 그러니 이 전략을 쓰되, 절대 남용은 금지다.

48

학생이 자기 방식대로 하지 않게, 미리 대응기술을 가르쳐라

✳

✳

✳

 **생각 열기**

아이들은 스트레스 받는 상황에 부딪히면 자신이 아는 최선의 방법을 동원해서 대처한다. 유감스럽게도 어떤 학생은 자신의 대응기술 가방 안에 그다지 많은 기술을 갖고 있지 않다. 그런데 우리가 기억할 사실은 모든 아이의 삶에서 스트레스를 받는 상황은 발생하게 마련이고, 만약 우리가 그런 상황에 대응하는 방법을 가르치지 않는다면 아이들은 자신만의 방법을 만들어낸다는 점이다. 완벽한 세상이라면 모든 부모

가 자신의 아이들에게 인생의 모든 어려움을 다룰 수 있는 건강하고 적절한 대응기술을 가르칠 것이다. 하지만 우리는 완벽한 세상에 살고 있지 않다.

사과하기처럼 단순한 것도 제대로 하는 법을 모르는 학생들이 많다는 게 현재의 사실이지 않은가? 아이들에게 사과하라고 요청하면, 터벅터벅 앞으로 가서는 팔짱을 끼고서 화가 난 채 "미안해!"라고 불쑥 말을 던지는 식이다.

이렇게 하는 사과는 하지 않느니만 못하고, 오히려 화를 돋운다는 데 모두 동의하지 않는가? 우리는 어떤 학생이 무엇인가에 잔뜩 화가 났을 때, 눈을 부라리거나, 거슬리게 쳐다보거나, 공격적인 방법으로 비난하는 모습을 얼마나 많이 보고 있는가?

그런데 실제로는 이 학생들이 자신이 아는 최선의 대응기술, 아니면 유일한 대응기술을 쓰고 있다는 것을 곰곰이 생각해본 적 있는가?

교사로서 우리는 이와 비슷한 상황을 교실에서 다루게 된다. 그리고 두 가지 선택에 맞닥뜨린다. 하나는 무엇인가 하기를 선택하는 것이고, 다른 하나는 불평하기를 선택하는 것이다. 여기서는 무엇인가 하기를 선택했다고 전제하자. 그에 따라 학생들에게 스트레스 상황을 대처하는 방법을 가르쳐줄 몇 가지 전략을 제공하겠다.

교실 솔루션

교실 안에서 학생들에게 대응기술을 가르칠 수 있는 두 가지 중요한 방법이 있다. 바로 가르치기와 본보기 보이기이다. 훌륭한 가르치기 방법에는 본보기 보이기가 당연히 포함되지만, 여기서는 일단 두 가지를 따로 다루자.

먼저 가르치기를 보자. 이것은 학생들과 함께 스트레스 상황을 다룰 때 쓸 수 있는 품위 있는 대응기술에 대해 실제로 토론하고 그 상황을 적절하게 다루는 다양한 방법을 제공하는 것을 말한다. 스트레스 상황이 이미 생겨서 그 문제를 다루기 위해 학생이 벌써 적절치 않게 행동할 때까지 기다리지 말자. 차라리 따로 시간을 내서 분노와 슬픔, 좌절, 거부감을 비롯한 이런 감정은 모든 인

간이 느끼는 자연스러운 감정이라는 사실에 관해 이야기
하자. 그러고나서 학생들과 함께 그런 감정을 다룰 수 있
는 건강하고 적절한 방법 몇 가지를 두고 이야기를 나누
자. 이때 역할극은 효과적인 대응기술을 가르칠 때 매우
유용한 방식이다. 이것이 일회성 수업이 되지 않도록 특
별히 주의하자. 오히려 학생들에게 수시로 적절한 대응
기술을 상기시키고, 아이들이 실제로 그 방법을 사용할
때 따뜻한 눈길을 주자.

본보기 보이기를 언급할 때는, 교사가 스트레스 상황
에서 건강하고 적절한 대응기술을 사용하는 방법을 말한
다(이 책 전체에서 어떤 경우라도, 어떤 일이 있어도 전문가답게
행동하는 것이 중요하다고 여러 번 이야기했다). 기억하자! 학
생들은 교사의 말보다는 교사의 행동대로 할 가능성이
훨씬 크다.

모두 지속적으로 훈련해야 할 뿐 아니라, 교사는 학생
에게 각자 상황에 맞는 적절한 대응기술을 상기시킬 필
요가 있다. 그리고 이 상황에서 주저하지 말고 학부모의
지원을 요청하자. 또한 이 상황이 전문가인 교사의 관점
을 통해 잘 다루어진다면, 학부모는 자녀에게 여러분이

48 | 학생이 자기 방식대로 하지 않게, 미리 대응기술을 가르쳐라

쏟는 관심과 염려에 감사할 것이다. 그렇다고 학생이 적절한 방법으로 사과하지 않을 때마다 학부모에게 연락하라는 말은 아니다. 오히려 학생이 자신의 감정을 어떻게 처리할지 몰라 하고 그 과정에서 일정한 패턴이 나타난다고 판단되면, 학부모에게 알리는 것이 항상 좋은 생각이다.

꼭 — 짚어보기

꼭 기억할 명백한 사실이 있다. 효과적인 대응기술을 배우는 것은 모든 학생에게 도움이 된다는 것이다(심지어 그 기술은 학부모와 자녀 관계에도 도움이 된다. "까칠한 자녀와의 소통법"이라는 학부모연수를 참조하라. https://cafe.naver.com/ket21/1808에 나온 영상을 활용하길 바란다—옮긴이 주).

사실 많은 학생들이 이런 적절한 대응기술을 가지고 있지 못하기 때문에 다양한 감정에 대처하는 자신만의 방식을 개발한다. 그런데 대부분의 경우, 이 방식들은 교사에게 놀라움과 좌절감을 준다. 그러므로 그런 상황이 생겨나기 전에 애초에 그 싹을 자르고, 아이들이 대처할 수 있도록 미리 제대로 가르치자. 계속해서 학생들에게 이 대응기술을 상기시키고, 교사가 직접 본보기를 보여주고, 가르치고, 아이들이 그 기술을 실제로 사용해냈을 때는 놓치지 말고 폭풍 칭찬을 해줘라.

만약 아이들이 가진 대응기술 가방이 텅 비었다면
그 기술을 몸소 보여줘라. 그러면 아이들은 곧 따를
것이다
그들은 삶에서 만나는 스트레스를 더욱 건강한
방법으로 다룰 것이고,
이는 분명코 더욱 행복한 나날로 아이들을 이끌
것이니!

49

듣고, 듣고, 또 들어주라

✳

✳

✳

생각 열기

　　어른은 종종 아이를 위해 문제를 대신 해결해주고 싶은 유혹을 받는다. 비록 아이가 스스로 문제를 해결할 잠재력이 있음에도 말이다. 아이는 어른이 대신해서 문제를 해결해주는 것을 필요로 하지 않는다. 때때로 아이들은 그저 자신의 말에 귀 기울여줄 어른이 필요하다. 어떤 학생들은 자신의 말을 경청해주는 사람이 거의 없다. 어른에게서 "잠자코 어른 말 들어야지!"라는 말만 듣고 있다. 그 아이에게 조용히 귀 기울여주는 사람은 없다.

잘 들어주기만 해도 아이들은 종종 자신의 문제를 해결할 수 있다. 성숙해지려면 아이들은 문제해결 방법을 배울 필요가 있다. 비록 혹하긴 하지만, 단순히 아이들을 위해 달려들어 모든 것을 고쳐줄 수는 없다. 하지만 우리는 들어줄 수는 있다! 모든 영향력 있는 교사는 경청의 달인이다. 만약 어떻게 경청을 잘할 수 있는지 물어보면, 영향력 있는 교사는 자신 역시 경청하기 위해 끊임없이 노력한다고, 아이들은 그들의 삶에 자신의 이야기를 들어주는 사람이 필요하다고 스스로에게 계속 상기시킨다고 말할 것이다.

**교실
솔루션**

잘 들어주는 교사가, 잘 들어주는 어른이 되기 위해선 연습이 필요하다. 단순히 조용히 들어주는 것 대신에 우리는 너무 절실하게 아이를 돕고 싶어서, 이따금 학생의 말과 문제해결 행위를 가로막는다.

경청하는 사람이 되기 위해서는 경청이 과연 어떤 것인지 반드시 알아야 한다. 몇몇 유능한 교사들이 공유한 듣기 전략을 알아보자.

- ☑ "선생님은 네 말을 듣고 있어"라는 말을 많이 한다.
- ☑ "그런 일이 일어났을 때, 기분이 어땠어?", "네가 무엇을 해야 한다고 생각해?", "이걸 해결하는 것에 관해 어떻게 생각해?" 같은 질문을 중간중간 한다. 학생의 대답이 얼마나 성숙한지 그리고 자신의 문제를 해결하는 것에 얼마나 능숙한지 종종 놀란다.
- ☑ 말하고 있는 학생과 지속적으로 눈을 맞춘다.
- ☑ 비록 학생의 말에 항상 동의하지는 않지만, 학생에게 그애가 어떤 감정을 가졌는지 나 역시 알고 있다는 것을 알려주려고 애쓴다.
- ☑ 학생에게 그들이 만날 최고의 경청자가 될 거라고 지속적으로 말한다. 이 말로 인해 들어줄 누군가가 필요할 때 언제든 부담 없이 학생들이 나를 찾아오리라고 희망한다.
- ☑ 아무리 바빠도 학생이 내게 말하기 시작할 때는 하던

일을 항상 멈춘다. 이것은 그 학생이 온전히 나의 주의 집중을 받고 있다고 알려주는 것이다.

☑ 학생이 내가 듣고 있다는 것을 알 수 있도록 듣는 동안 고개를 끄덕인다.

☑ 학생이 말하고 있는 것을 듣고 있고, 학생의 현재 어려움을 생각하고 있다는 사실을 알려주기 위해, 아이가 말하는 동안에 질문한다.

☑ 너무 끼어들지 않는 선에서 내 몸을 앞으로 기울인다. 보디랭귀지를 통해 잘 듣고 있다는 사실을 전달하려고 노력한다.

☑ 듣는 동안 적절한 상황에서 웃으면서 고개를 끄덕인다. 그리고 웃음 지을 상황이 아닐 때는, 부정적인 감정이나 충격, 혹은 실망 등을 나타내지 않으려고 매우 노력한다.

☑ 학생이 말하고 있는 것을 열심히 듣고 있으며, 그 문제를 생각하고 있다는 사실을 알려주기 위해 다른 표현으로도 소통하기 위해서 노력한다.

우리는 모두 자신의 말에 귀 기울이는 누군가에게 문제를 털어놓은 경험이 있다. 그 결과, 문제를 공유하면서 자신의 해결책을 떠올릴 수 있다는 장점 또한 깨닫는다. 우리는 때때로 그 사람에게 "도와줘서 고마워"라고 말한다. 그럼 상대방은 종종 "난 아무것도 한 게 없어"라고 대답한다. 사실 상대방은 '어떤 것'을 했다. 바로 들어주는 일 말이다! 때로 필요한 것은 정확하게 바로 '그것'이다. 즉, 누군가는 우리가 말해야만 하는 것을 온전히 들어준다. 그러니 교사 여러분, 학생의 말을 듣고, 듣고, 또 들어야 한다!

내가 말하고 있을 때 귀를 기울여주세요

제발 내가 해야만 한다고 생각하는 것을 나에게
말하지 마세요

단지 선생님이 제 말에 귀를 기울여주면, 모든 게 이내
명확해질 거예요

정답은 선생님이 아닌, 바로 내 안에 있으니까요

50

어리석은 자만이 흥분한다

✳

✳

✳

생각 열기

　17장 '교사가 진땀을 흘린다면, 학생이 이긴다'에서 우리는 학생들이 일 년간 약점 버튼을 누르지 못하도록, 교사들이 약점 버튼을 가지고 있다는 것을 학생들이 절대 알지 못하게 하라는 주제를 토론했다. 어떤 교사가 약점 버튼을 드러낼 것인가 식별하는 가장 빠른 방법은 바로 고함소리를 들으면 된다. 만약 학교에서 누가 소리 지르는 교사인지 물어보면, 학생들은 항상 알고 있다. 모든 교장들도 쉽게 목소리를 높이는 교사의 이름을 말할 수 있다. 모든 교사들이 누가 소리를 지르는 교사인지 정확히 안다. 그리고 많은 학부모가 목소리를 높이는 교사에게 자녀가 배정되지 않도록 특단의 조치를 취하기도 한다.

우리는 모든 교사들은 좋은 사람이며, 대부분 자신의 지식을 기반으로 학교에서 최선을 다한다는 것을 믿는다. 슬프게도 교실에서 학생에게 소리칠 때, 스스로 감정을 통제하지 못한다고 공개적으로 인정하는 것과 다름없다는 것을 소리치는 교사는 이해하지 못한다. 과연 자신의 감정을 통제하지 못하는 교사가 학생에게 자신의 감정을 통제하는 법을 가르칠 수 있을까? 어림없다.

질문을 하나 던지겠다. 여러분은 의사가 하라고 말하는 것을 다 하는가? 매번 올바른 음식을 먹는가? 매일 해야 하는 운동을 정확하게 하는가? 모든 스트레스 상황에서 멀리 떨어져 있는가? 그렇지 않을 것이다. 건강검진을 위해 병원을 방문해서 의사가 이런 질문을 했을 때, 여러분이 수줍어하며 질문 몇 개에 정직하게 대답한다고 가정해보자. 그럴 때 의사가 격분해서 여러분에게 소리를 지른다면 어떻게 할 것인가? 아마 그 병원에 다시는 가지 않을 것이다. 나아가 친구나 가족에게 그 의사가 매우 위험한 사람이라고 알려줄 가능성이 높다! 의사가 전문성을 상실했는데 그 병원에 갈 이유가 있을까? 당연히 소중한 친지들에게 알리는 것은 의무다. 이것이 교실에서 일어나는 일과 차이가 있을까? 없다.

이 책에서 토론한 것처럼, 교사로서 우리의 주된 임무 중 하나는 언젠가 학생이 했으면 하는 모든 행동을 보이고 학생들에게 좋은 본보기가 되는 것이다. 어떠한 상황이든 교사가 진절머리 나서 이성의 끈을 놓는 것이 적절한 반응이라고 학생들에게 보이고 싶어 하는 교사는 없다. 오히려 우리는 정확히 그 반대 모습을 가르치고 싶어 한다.

버튼 누르기

엘리베이터를 타기 위해 버튼을 눌렀지
서둘러야 해서, 난 나중이 아닌, 지금 그것이 필요했어

엘리베이터가 도착할 때까지 기다리고 기다리고 또

50 | 어리석은 자만이 흥분한다

기다렸지

나는 버튼을 한 번, 두 번, 세 번, 네 번, 그리고 다섯 번
눌렀지

하지만 엘리베이터는 도착하지 않았어

나는 과감하게 모두에게 더 나은 운동 수단인 계단을
이용했지

그러고나서 교실에 있는 학생들을 떠올렸어

내 버튼을 매일매일 빠르게, 그리고 힘껏 누르는
아이들을

나는 그들의 누름에 반응하고, 아이들의

"엘리베이터"가 도착하네

아이들은 올라갔다 내려갔다 하네, 나는 정신없는
북새통 속에 있지

만약 내가 그들의 버튼에 "도착"을 멈춘다면,

학생들이 계단을 이용해야 한다면,

나는 그들의 공모를 침묵시킬 수 있을 거야—

내 기도에 대한 대답으로!

그래서 내일부터 내 버튼을 숨기기 시작하겠어
학생들은 누르려 해도, 이제 반응하지 않는 나를
발견하겠지

그러니 학생들의 버튼 누름에 반응하는 모든
교사에게 조언하네
학생들에게 당신의 버튼이 작동하는 것을 알게 하지
말라고
그러면 그들은 그 버튼을 누르는 것을 멈출 것이며
이것은 사실이니!

교실
솔루션

　　　　이제 전략은 간단하다. 그렇지만,
누군가에게는 쉽지 않다는 것도 알고 있다. 바로 최고의
교사가 하는 행동을 여러분이 하기를 추천한다. 무엇보

50 | 어리석은 자만이 흥분한다

다도 교사는 학생들이 본인의 행동에 책임질 수 있도록 가르쳐야 한다. 하지만 학생들에게 소리 지르지는 않을 것이라는 점을 개학 첫날 약속하자. 항상 학생을 존중과 존엄으로 대할 것이라고 약속하자. 학생들이 교사가 약속을 지킬 수 있도록 도와줄까? 물론이다. 이 약속을 한 후, 다음 두 가지 중 하나를 선택하자.

1) 자기 자신을 통제하지 못하고 학생들에게 소리 지른다.
2) 학생을 위협하지 않는 안전한 교실에 있다고 알리면서 학생들을 편안하게 해준다.

자, 2)를 선택함으로써 이미 교사는 더 나은 행동을 위한 발판을 마련한 것이다.

꼭
짚어보기

　　　　　엘리너 루스벨트는 '분노(anger)'는 단순히 '위험(danger)'의 짧은 글자라는 것을 사람들이 깨닫게 했다. 그녀가 옳았다. 절대로 분노 때문에 학생들에게 어떤 행동을 하지 마라! 그리고 화가 날 때도 (왜냐하면 우리는 인간이므로) 학생들이 자신을 화나게 했다는 사실을 그들에게 알리지 마라. 낙담? 괜찮다. 슬픔? 괜찮다. 화? 분노? 절대로 안 된다! 오직 어리석은 자만이 흥분한다. 그러니 절대로 흥분하지 마라, 특히 학교에서는.

에필로그

모든 학생들은 교사가 제공하는 최상의 것을 마땅히 받을 만한 가치 있는 특별한 존재들이다. 그러나 하루도 빠짐없이 교사가 최선을 다하기란 늘 쉽지만은 않다. 효과적으로 가르친다는 것은 교사가 기꺼이 헌신해야 할 모든 일을 필요로 한다. 이것이 바로 "누구나 교사가 될 수 있다"라는 말이 확실히 옳지만은 않은 이유이다. 오직 매우 특별한 유형의 사람만이 교사라는 고상한 타이틀을 책임 있게, 자랑스럽게 그리고 마땅히 진정으로 걸칠 수 있다. 만일 여러분이 그런 사람 중 한 사람이라면, 물론 여러분이 진정한 선생님이라고 믿지만, 이 엄청난 책임감을 가볍게 받아들이지 말기를 바란다. 우리는 가르침이 제공해주는 모든 기쁨과 보상이 교사 여러분에게 있기를 기원한다. 또한 여러분의 학생들에게 인생에서 맛볼 수 있는 모든 성공이 함께하기를 기원한다. 여러분이 더욱 유능한 교사가 되는 과정에 이 책이 도움이 되었기를 바란다. 마지막으로 중요하게 강조하고 싶은 말이 있다. "그냥 선생님"은 없다는 말을 기억하기를 바랄 뿐이다.

"그냥 선생님"

교사는 학생의 손을 잡아줄 뿐 아니라 학생의 미래를
붙잡아주네
교사는 지식뿐 아니라 사랑을 가르치고
교사는 학생의 눈물을 닦아줄 뿐 아니라
영혼을 달래주고 그 일부가 되지

교사는 매 순간을 나눌 뿐 아니라 추억을 만들고
교사는 학생이 학교를 떠난 후에도 그들 안에서
살아서 숨 쉬지

교사는 결코 자신의 힘이 얼마나 경탄할 만한지 알 수
없을 것이니
교사의 영향력은 온 세상에 넘치네

그래서 정말로 "그냥 선생님"은 없어
교사는 말로 표현할 수 없는 그러한 존재
교사가 학생의 관심사 안에 들어가는 순간, 학생이
미소로 화답하는 순간,
교사는 자기 존재의 중요성을 느끼네

교사는 학생의 손을 잡아 줄 뿐 아니라 학생의 미래를
붙잡아주네
교사는 지식뿐 아니라 사랑을 가르치네
교사는 학생의 눈물을 닦아줄 뿐 아니라
영혼을 달래주고 그 일부가 되네